一校多品：

新时代小学体育改革的有效范式

龙克威 ◎ 著

湖南大学出版社
·长沙·

图书在版编目（CIP）数据

一校多品：新时代小学体育改革的有效范式 / 龙克威著. ——

长沙：湖南大学出版社，2023.12

ISBN 978-7-5667-3300-9

Ⅰ．①一… Ⅱ．①龙… Ⅲ．①体育课—教学研究—小

学 Ⅳ．①G623.82

中国国家版本馆CIP数据核字（2023）第246426号

一校多品：新时代小学体育改革的有效范式

YI XIAO DUO PIN： XINSHIDAI XIAOXUE TIYU GAIGE DE YOUXIAO FANSHI

著　　者：龙克威				
责任编辑：张以绪				
印　　装：长沙创峰印务有限公司				
开　　本：710 mm×1000 mm　1/16		印　张：14	字　数：202千字	
版　　次：2023年12月第1版		印　次：2023年12月第1次印刷		
书　　号：ISBN 978-7-5667-3300-9				
定　　价：58.00元				

出　版　人：李文邦

出版发行：湖南大学出版社

社　　址：湖南·长沙·岳麓山　　　　邮　　编：410082

电　　话：0731-88822559（营销部）　88821174（编辑部）　　88821006（出版部）

传　　真：0731-88822264（总编室）

网　　址：http://www.hnupress.com

序

序的第一句话是，向龙克威表示最真挚的感谢。小龙并不是我在任何一个学段教过的学生，他没有在北京师范大学正式听过我的课，我却把他当作我最好、最得意的学生。

我和小龙通过周琳校长而结识，初识时，他在我眼中只是一个精干帅气的体育教师，与我认识的众多年轻体育教师并无太大不同。但不久我就一点点地被他感动了。我慢慢地感受到他的正气，还有他的认真、执着，对体育教学改革的真知灼见，以及他甘当学校体育人的那一份踏实的事业心。当我慢慢地从他身上感受到这一切的时候，我就从心底把他当作我的学生了。若不是和小龙相识时我已经退休，不再带硕士生和博士生了，我相信他一定会是我真正的学生。

当我拿到小龙所著的《一校多品：新时代小学体育改革的有效范式》书稿的时候，心中更添一份喜悦和骄傲。这本书是小龙多年来努力的结果，也是他的认真、执着、真知灼见和事业心结出的硕果。这本书汇集了小龙在各种刊物和微信公众号上发表的文章，是他多年来对体育教学改革实践的思考与经验总结。多年来，他把那些具有正确理论支撑的教学改革内容，变成了可操作、可模仿、可学习、可推广的内容与方法。他把这些分享给大家，以期为推动小学体育教育改革提供有效范式。

小龙作为体育教师，以身作则，带领团队锐意改革，出色地完成每一项体育工作。他作为学校的管理者，在关注学生学习成绩的同时，还注重培养学生的体育素养和健康意识，注重在"全员体育"中培养学生的团队合作精神和领导能力，为他们的综合素质发展尽可能地提供帮助。小龙秉承"以体育人"宗旨，引导全体学生树立正确的体育观和价值观，带领全校学生在体育活动中享受乐趣、增强体质、健全人格、锤炼意志。

《一校多品：新时代小学体育改革的有效范式》所展现的教育理念

和行动策略是对传统体育教学模式的突破，是对新时代小学体育发展的有益探索，是对"一校多品"理念和实践内容的丰富，是对体育走班制教学改革理论的完善，也是对"全员体育"理念的创新与发展。这本书里的教育教学案例丰富翔实，基本涵盖了基础教育体育教学改革的所有方面，从体育走班制教学实践中的问题与解决路径到人人参与的"体育＋"课程文化，从全员运动会的实施策略到体育赛事的育人价值，每一篇文章都有他的独到见解，让人受益匪浅。这本书中的鲜活教学案例不但践行着"健康中国""体育强国"的新时代体育思想，而且为这些思想在普通小学体育中的落实提供了新的内容与方法。这些内容不仅为我国有责任心的基层体育教师提供了宝贵的教改案例，也为新时代的体育立德树人与提升学生综合素质的基础性工程贡献了力量。

最后，我想再次向龙克威老师表示感谢和祝贺，感谢他为小学体育教育改革做出的不懈努力与突出贡献，祝贺他《一校多品：新时代小学体育改革的有效范式》的出版。我相信，通过这本书的出版，他信奉的教育理念将会引起更多人的共鸣，他的教学经验将会让更多像他一样的体育教师去努力践行。希望小龙继续坚守信念，不断探索和创新实践，为自己、为他人、为学生、为国家在体育上做出更大的贡献，无愧年代，无愧韶华。

祝愿小龙在未来的教育道路上一帆风顺，取得更大的成就！以此真挚的祝福为序。

全国学校体育联盟（教学改革）主席

北京师范大学体育学院首任院长

毛振明

2023 年 6 月 26 日于德国马格德堡

目 录
CONTENTS

第 二 辑

实践之基　体育走班制教学的行与思

第 三 辑

教学之策　在"统一"中寻求"不统一"

第一辑

理念之变

告别「放羊课」，上好「锻炼课」

"一校多品"：新时代小学体育发展的理念构建与行动策略

当前，学校体育工作是国家重点关注的内容之一，中共中央、国务院多次印发关于加强学校体育工作的文件。虽然体育教学改革取得了一定的成绩，但仍存在学生体质下降、教师技能不精、体育育人能力不足的现象。笔者及课题组成员希望通过"'一校多品'：新时代小学体育发展的理念构建与行动策略"课题研究，为当前小学体育发展提供新方法和新路径。

一、"一校多品"理念构建的意义

1. 学生身心健康发展的需要

拥有健康的体魄是青少年为祖国和人民服务的基本前提，是中华民族旺盛生命力的体现。2017年10月，时任国务院副总理刘延东在全国学校体育工作座谈会上的讲话中强调：学校体育工作事关亿万青少年学生身心健康，事关国家和民族长远发展。当前，小学生对于电子产品的依赖程度加深，对于体育锻炼的重视程度不够，身体素质有待提高。体育活动能提高学生的身体素质，增强其自信心，培养学生团结合作和拼搏自强的意识。

2. 小学体育课程改革的要求

随着体育新课程改革的深化实施，"以生为本，健康第一"的指导思想得到有效落实。《义务教育体育与健康课程标准（2022年版）》（以下简称《体育与健康课程标准》）把课堂教学内容的选择权交给了教师，对教学内容没做硬性要求，体育教师在教学中自由发挥的空间较大。长沙高新区虹桥小学自加入全国学校体育联盟（教学改革）以来，变体育锻炼为体育游戏，让更多学生爱体育、爱运动。学校体育教师团结一心，致力于引导学生学会运动，强调的不是让学生学会几个技术动作，而是让学生学会一项或几项运动。我们希望通过体育课程改革，通过"1+1"选课，让学生在小学六年真正掌握1~2项运动技能，为发展终身的体育技能打下基础。

3. 学校特色发展的需求

学校多样化发展依赖于特色活动的创新驱动，更依赖于全体学生的积极参与。"一校多品"特色活动的开展为学生自主选择和全员参与提供了空间。2017年3月，长沙高新区虹桥小学加入全国学校体育联盟（教学改革），成为体育教学改革实验学校。学校特色体育建设是一项涉及学校整个系统、全方位的学校改革活动，它在独特办学思想的指导下，以先进的学校文化为引领，需经过长期的办学实践，才能形成独特的、稳定的办学风格，从而产生优秀的办学成果。

《"健康中国2030"规划纲要》中提出"青少年熟练掌握1项以上体育运动技能"这一清晰可量化的目标。"一校多品"的创建，有利于学生熟练掌握体育运动技能，实现学校立德树人的教育目标，推动学校体育工作的改革和发展。基于以上政策要求与学校实情，长沙高新区虹桥小学开展了"'一校多品'：新时代小学体育发展的理念构建与行动策略"课题研究。

二、"一校多品"理念构建的内涵界定

"一校多品"是相对于"一校一品"提出来的。"一校一品"是指一所学校至少形成一个全体学生应知、应会的品牌运动项目。"一校多品"是指条件较好的学校在一个品牌运动项目的基础上，实施多元化教学模式，开设多门运动项目教学课程，学生根据个人需求选学并掌握一项或几项运动技能。

长沙高新区虹桥小学以建设"一校多品"体育特色学校的新理念，全面推进体育教学改革。根据学校的场地设施及师资条件，立足学校实际，目前已确定以足球、篮球、花样跳绳和健美操为主要特色项目。

三、"一校多品"理念构建的行动策略

1. 从全员运动会出发，点亮体育改革的火种

全员运动会，突破年级、班级限制，全员参与，解决了以往的运动会多数人在看、少数人参与的问题。2017年以前，虹桥小学举行的是少数人参加的田径运动会，人均参与的项目个数为0.34。2019年的全员运动会中，人均参与的项目个数达到2.27。

（1）纵向分组，让爱融入体育

全员运动会在分组上采用跨越年级界线的"纵向分组"，即所有年级1班、2班为红队，3班、4班为黄队，5班、6班为蓝队，这样有利于促进不同年级学生之间的互帮互助，增进学生之间的友谊。尤其是跨年级的合作项目，比如"抬小猪""巧制担架抬伤员"等项目，高、低年级协作完成，以大带小，场面温馨。

（2）应需设项，将合作力融入体育

全员运动会具有趣味性，但它不同于传统意义上的趣味运动会，所有的项目必须考虑到学生的技能水平和身体素质。如低年级以柔韧性和平衡性项目为主，中年级以速度类比赛项目为主，高年级以协调性、灵敏性和力量性项目为主。同时，要求全员参与，确保平均每个学生参加3~5个项目，所以，在项目设置上要选择适合各年龄段特征、方便裁决胜负，且具有趣味性、对抗性、挑战性、合作性的大型集体项目。学生在运动过程中能学会合作，相互帮助。如，低年级的"最长的绳子""传递呼啦圈""钻山洞"等，中年级的"旋风跑""双人闯关"等，高年级的"齐心协力向前冲""集体托大球"等，所有项目都需要学生合作完成。

（3）打造氛围，把美育融入体育

全员运动会中渗透着大量的美育因素。在流程设计上突出仪式感、美感，开幕式、闭幕式隆重而不烦冗；开场操由素质健美操等内容编成，配上优美激昂的音乐，气势磅礴；各队队旗和优胜旗由学生自己设计，

优胜旗入场无比庄重，获胜队的队旗与校旗一道升起，全年在学校上空飘扬；根据每个项目的特点选择好听、动感的音乐，并将其串联。从运动角度可以让学生感受到韵律美、和谐美、力量美，从行为角度可以让学生意识到协作美、结构美、道德美、忍耐美、热情美，学生在运动中潜移默化地受到美的熏陶。

（4）奖惩分明，将规则感融入体育

要求严谨，奖惩分明，是全员运动会的评判要求，有利于学生良好行为习惯的形成。首先，在场地安排上做到精心设计，设立"入场门"和"退场门"，注意各个比赛场地、跑道与中间场地的合理使用，整个流程顺利，各比赛项目无缝衔接，活动现场井然有序。其次，每个项目都有明确的要求和规则，在平时的教学及比赛中严格执行扣分原则，充分利用奖惩手段培养学生遵守规则、敬畏规则的意识。如："传递呼啦圈"项目中，如果队员间松手，则相应加时；"巧制担架抬伤员"项目搬运过程中，"伤员"任何部位落地一次则加时 10 秒；"寻找足迹"项目中，对参赛队员双脚着地后仍然继续比赛的，对其他同学有推搡等危险动作的，对动作缓慢、不听口令等不规范行为，处以罚分。

（5）注重细节，将综合素质培养融入体育

无论是平时训练还是比赛，都应该要求学生自己摆放器材，收拾整理器材，以培养学生的责任意识和自理能力。这些看似简单的小事能帮助学生提高自控力，培养学生的责任意识。此外，还应巧设全员运动会的项目，培养学生的探究能力。如"洪水来袭逃生"，学生要用打平结的方法，把短绳和衣服连接成一根长绳，由一名学生抛投到对面学生手中，不能用其他辅助方法，把对面的学生拉过来；又如"溺水救援"，学生要根据风的阻力大小来用力，将救生圈抛至中心圆内……这些项目都需要学生在情境中进行主动思考、交流和探讨，能激发学生的探究兴趣，提高学生学习、探究的能力。

2. 体育走班制教学，让体育技能学习成为可能

体育走班制教学是学校将同一个年级的体育课排在同一时间段，上课时跨越行政班级，让学生根据个人爱好和自身条件自主选择运动项目，进行专项化分层学习的体育教学模式。

（1）体育走班制教学改革实践的三个阶段

从 2016 年开始，笔者和课题组成员一直在进行体育走班制教学改革工作。从直接和间接参与改革的学校的整体情况来看，都取得了不错的效果。各学校的改革实践主要分为以下三个阶段。

初级阶段（2016—2017 年）。此阶段主要是培养学生的兴趣，使学生掌握一定的体育技能。这是我们进行体育走班制教学改革的初衷。

发展阶段（2017—2018 年）。体育教师专业能力不足问题，是体育走班制教学改革实施一年后发现的突出问题。随着学生专业技能的进步，教师专业能力不足成为此阶段改革的最大阻碍。另外，不同学校的体育走班制教学改革存在其他不同的问题。各学校的实际情况不相同，笔者有意识地选择了不同办学条件的学校进行改革实践，如只有一个篮球场地、拥有几百名学生的学校，规模较大的、拥有 2000 多名学生的学校，各年级的班级数不同的学校。

提高阶段（2018 年至今）。此阶段主要通过提高教学质量，实现增强学生的体质和学会体育技能的有机结合。

（2）体育走班制教学改革的实践过程

全校进行走班制教学，是一项大工程，涉及场地、师资、排课等系列工作。特别是规模较大的学校，如长沙高新区虹桥小学有近 2000 名学生，每个年级有 6 个班级，仅完成排课工作就任务艰巨。原有的排课系统是按照传统的上课模式设计的，因此需要投入大量的人力进行新的排课工作，再加上场地和师资等的实际情况，让改革工作变得难以入手。选择一个年级进行改革，工作任务会大大减少。

小学阶段建议首先选择三年级进行改革实践。小学阶段一、二年级的学生行为习惯没有养成，特别是一年级的学生，还处于小学生活的适

应期。如果在一、二年级进行改革，意味着一、二年级的学生既要适应行政班的管理模式，又要熟悉改革后专业班的选课模式。实践表明，对一、二年级的学生进行走班制教学难以取得理想效果。改革初期会面临较多的问题，错开一、二年级和即将毕业的年级，有利于改革的推进。在小学阶段选择三年级的理由，一是沟通成本较低，这个阶段的学生行为习惯已经基本养成，有一定的自我管理能力，组织过程相对容易；二是改革受益年限相对较长；三是试错机会更多，相对而言三年级的学生没有紧迫的学业压力，学校、教师对改革会有更多的包容心。

试点年级优先排课。全校的体育走班制教学要求非常高，要求教师与教师、年级与年级、课与课之间都不能有交集。在一个年级试点，相对容易。在进行排课工作时，需优先排好试点年级的课表，将试点年级所有班级看成一个整体进行排课。在不影响试点年级上课的前提下，对其他年级的排课工作无特殊要求，从而确保全校各班级的体育课能正常开展。

（3）探索出课程专业设置与校情结合的特色实践路径

课程专业设置，首先应考虑学校的办学方向，得到学校的支持。场地和师资是后期可以优化的变量。如全国特色足球学校，设置足球专业就是必要选项。场地不够，可以改造场地；没有足球教师，可以招聘足球教师。如果没有学校的支持，后面两项工作就很难得到优化和提升。

课程专业设置，要结合学校场地和师资情况，坚持一个场地只设置一个专业的原则。绝大多数学校是很难增加一块地作为体育场地的，因此，充分利用现有场地非常必要。以长沙高新区虹桥小学的场地利用为例（表1-1）：

表1-1 长沙高新区虹桥小学的体育场地利用情况

专业	足球	篮球	花样跳绳	健美操
场地	足球场	室外篮球场	风雨操场	舞蹈房

课程专业设置，要考虑性别的发展性。比如篮球和足球普遍受男生欢迎，而健美操和花样跳绳深受女生欢迎。如果专业设置中只有篮球、

足球、橄榄球等男生欢迎度较高的项目，势必会影响女生参与的积极性。课程专业设置应当在性别均衡的基础上再综合考虑其他问题。

课程专业设置，要结合学生的兴趣。兴趣是最好的老师，让学生选择自己喜欢的专业很重要。因此要做好前期调查，从而确定各专业班的个数。长沙高新区虹桥小学三年级有 6 个行政班，根据前期调查结果，并基于学生兴趣、男女比例以及场地等因素的综合考虑，走班制教学设置了 4 个专业、7 个专业班，即 2 个足球班、2 个篮球班、2 个健美操班、1 个花样跳绳班。

（4）课程教学改革，在统一中寻求差异

课堂常规高度统一，课堂形式不统一。通过近几年的改革实践，笔者发现，教学过程中最大的问题，以及体育教研会议中强调得最多的问题都是常规问题。问题出现的主要原因是每名体育教师对课堂常规的要求不一致。因此，在改革中一定要对教学常规进行统一规范，特别是队列队形以及考勤。实行走班制教学，只要有一个班没有考勤，就会影响整个年级。没有考勤习惯的班级，往往就会有学生缺课。学校负责人和体育组组长，一定要通过会议、巡查、考核等方式确保课堂常规的统一。在专业班中设体育委员和小组长，也是一个不错的选择，因为他们可以成为体育教师在班级常规管理上的小帮手。

教学计划统一，教学进度不统一。有很多教育工作者，包括体育教师都有一个疑问：体育课程教学改革后，只学一个专业，体育与健康课程标准中的内容怎么上？体育课程的一个重要目标是增进健康。身体锻炼是主要手段，运动技能学习是主要内容。课程标准中含有游泳项目的设置，而绝大多数学校是没有游泳场地的。而且每个地区的实际情况各不相同，如一些北方城市有天然的冰雪场地，一些发达的城市有高成本体育项目。课程标准的要求只是一个指导性的参考要求，并未作为硬性规定。各学校应该根据校情落实课程标准，以达到增进健康、培养兴趣、学习技能、养成良好体育锻炼习惯的目的。

改革后是否就不需要学习其他内容了？当然不是，每个体育项目都能用来锻炼学生的身体素质，如经常学健美操的学生，其柔韧性素质就特别突出。长沙高新区虹桥小学健美操班的学生通过一个学期的学习，在坐位体前屈测试中优秀率达到100%，但学生的力量和速度方面有明显的不足。这就违背了课程标准中提出的根据学生身体素质敏感期均衡发展其各项素质的要求，因此需要有选择性、补偿性地学习其他内容。如三年级足球班的学生，首先根据全面发展体能与健身能力学习目标，主要发展柔韧性、灵敏性、速度和力量素质，再根据足球专业特点，选择将5节补偿性课设置为柔韧性课，从而使得身体素质得到均衡发展。这样的课程计划设置，也起到了丰富课堂教学内容的作用。表1-2为长沙高新区虹桥小学三年级体育课程年度教学计划（范本）。

表1-2 长沙高新区虹桥小学三年级体育课程年度教学计划（范本）

年级	学期	课时								
		健康教育	队列队形	素质操	田径	技巧	补偿性课	专业教学+比赛	专业测试+体测	机动	总课时
三年级	第一学期	4	2	4	5	6	5	30	14	2	72
	第二学期	4	2	4	5	6	5	30	14	2	72
课时量		52						60	28	4	144
比例		36%						42%	19%	3%	100%

每个专业都有其相对独立性，教学进度无须统一，否则就会违背改革的初衷。教师要将每个上课内容模块化，根据学生的基础水平和学习能力调节教学进度。如篮球班在学习原地低运球时，可能篮球1班的学生学习基础较好，学习能力相对较强，只需要1课时就能达成学习目标，而基础相对薄弱一些的篮球2班，则需要安排3~4课时进行学习。进度不统一，但目的是一致的，就是让学生真正掌握技能。

评价标准统一，个体干预不统一。体育走班制教学不同于传统的体育课教学，除了体质健康测试是基本要求外，还需增加考勤和专业测试的评价体系。体育走班制教学后的专业班级是由来自不同行政班的学生组成的，将考勤纳入评价体系中，这也是督促学生参与运动和保障学生人身安全的一种重要手段。评价不是为了给学生一个分数，而是为了更好地帮助学生健康成长。每个学生的体质、专业技能水平是不一样的，有了评价标准，就能精准帮助学生提升体质健康水平和专业技能水平，从而做到评价标准统一，个体干预不统一。

3. 创新大课间活动内容，提高学生素质

长沙地区阴雨、雾霾天气较多。笔者对 2016 年、2017 年的天气情况进行了统计，发现有近一半的时间不能进行户外活动。为此，根据不同环境因素，长沙高新区虹桥小学制定了两套工作方案，有室外锻炼方案（表 1-3）和室内锻炼方案（表 1-4）。

表 1-3　室外锻炼方案

时间	项目	内容	时长 / 分钟
10：05—10：35	星期一、二、三大课间活动	听音乐踏步入场	5
		一至三年级"课课练"、素质操	20
		四至六年级跑操	20
		听音乐踏步退场	5
	星期四、五大课间活动	听音乐踏步入场	5
		一至三年级跑操	20
		四至六年级"课课练"、素质操	20
		听音乐踏步退场	5

注：大课间"课课练"项目的内容，一年级为"袋鼠跳"，二年级为"赶猪跑"，三年级为"旋风跑"，四年级为"斗鸡跳""跳栏架""足球传球"，五年级为"跳长绳""跑绳梯""原地踩球"，六年级为"蛇形跑""绕标志筒运球"。

表 1-4　室内锻炼方案

时间	项目	内容	时长 / 分钟
10：05—10：35	大课间活动	室内操第一套	15
		室内操第二套	15

4. 以赛促长，项目长足发展促融合

学生学习了技能，就需要有展示的平台，而各级各项体育赛事就是最好的平台。通过班级赛事选拔校队名单，校队代表学校参加区、市级比赛，形成有一定基础的体育群体、基础较好的班级队伍、水平较高的校级优质队伍，最终形成三级"金字塔"成长模式。

（1）四大体育品牌项目，已成机制

通过近几年的研究和实践，长沙高新区虹桥小学在国家课程的基础上，将对四大体育品牌项目的技能学习贯穿于体育课堂（体育走班制教学）、体育大课间、体育节等活动中，形成"一校多品"体育课程机制，确保体育教学改革的持续性和发展性。

（2）四大体育品牌项目，已显成效

①足球特色已显成效。长沙高新区虹桥小学足球各水平段队伍已连续三年在区级比赛中获前三的好成绩。目前，足球项目已进入市级16强。足球是目前长沙中小学竞争非常激烈的体育竞赛项目之一。长沙市级足球赛有100余支队伍参加，其中足球特色学校超过50所，长沙高新区虹桥小学能在较短时间内进入市级强队行列，是体育教学改革的重要成果。

②篮球项目崭露头角。长沙高新区虹桥小学篮球各水平段队伍已连续两年在区级比赛中获前三的好成绩。在学校体育教学改革机制的保障下，篮球项目下一阶段的目标是进军市级16强。

③健美操项目在体育赛事中硕果累累。长沙高新区虹桥小学健美操项目在市级、省级、国家比赛中均有一定的名气。学校2019年获长沙市中小学生健美操比赛第一名，获CCA全国啦啦操联赛（长沙站）一等奖。

④花样跳绳项目成效显著。通过努力，长沙高新区虹桥小学花样跳绳项目已在市级、省级、国家比赛中有一定的知名度。

四、"一校多品"理念构建的优势

长沙高新区虹桥小学逐步形成了"一校多品"体育课程体系。"一校多品"体育特色学校是在"一校一品"的概念基础上提出的。"一校多品"体育特色学校即一所学校结合自己的师资、场地、校园文化等特点创建多个属于自己的体育品牌或多个体育特色项目，争创某地域的一流学校。其中"品"主要指学生学习的运动技能，"一校一品"的策略是全校整齐划一学习某一项运动技能，而"一校多品"要求全校学生至少熟练掌握一项技能，学生根据兴趣和能力选择性地学习运动技能。在国家课程的基础上，"一校一品"要求所学技能贯穿体育课、体育大课间、体育节等的过程中，让各体育技能形成"金字塔"人才培养模式。同时，也要注意学科的融合、活动的融合，让"多品"特色融合于学校各个层面，最终形成"一校多品"体育课程体系。长沙高新区虹桥小学以足球、篮球、花样跳绳、健美操四个运动项目为品牌抓手，改革课堂教学、体育大课间、体育节，注重学科融合、活动融合，形成"一校多品"体育课程体系（图 1-1）。

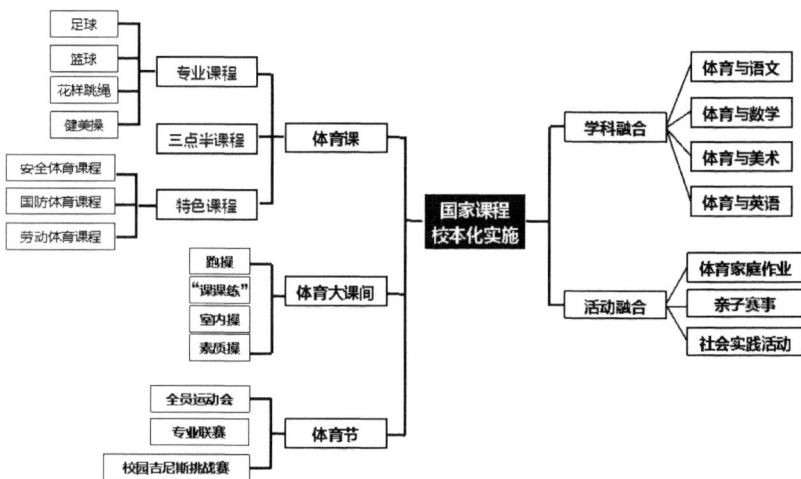

图 1-1 长沙高新区虹桥小学"一校多品"体育课程体系

1. 体育走班制教学改革有利于学生学会运动技能

体育走班制教学是学校将同一年级的体育课排在同一时间，上课时跨越行政班级，按学生的自选运动项目进行体育教学的形式，是一种选择性的专项化体育教学。进行体育走班制教学，有其深刻的体育课程教学改革内涵。它是为了彻底改变"学生上了九年体育课什么都没有学会"

的体育课不良现象与不良后果而进行的上至课程设置、下至教学形式的根本性改革。它也是为了实现《"健康中国2030"规划纲要》提出的"青少年熟练掌握1项以上体育运动技能"这一目标任务的必要举措，更是实现培养学生终身体育意识的必由之路。

通过体育走班制教学改革，长沙高新区虹桥小学的学生学会运动技能的人数占比从2016年的5%提升到2019年的96.5%，实现了学校最初设置的目标。

2. 国家课程校本化实施是教师系统化上课的法宝

根据国家课程标准及学校体育走班制教学课程改革实际情况，长沙高新区虹桥小学开设了足球、篮球、花样跳绳、健美操四大专业，并编制了配套教材。校本教材有机结合了国家课程标准的规定内容和专业学习内容。一方面，按照比例划分学习内容，设置50%的课时用于专业学习，设置50%的课时用于国家课程标准内容的学习；另一方面，两者有机地融合，国家课程标准的学习内容中有专业学习内容，专业学习内容中也有国家课程标准中的学习内容。学校找到了一条既适合专业学习又能落实国家课程标准的路径。

3. 体育活动全员化，确保人人参与、人人享受

（1）全员运动会的实施点亮了学生参与运动的火种

全员运动就是打破"极少数人在跑，大多数人在晒太阳"的旧模式，转变"简单游戏、不需锻炼、不结合教学"的观念，全员参与，跨越年级界线，将学校一至六年级学生按班级分成若干队。如长沙高新区虹桥小学有36个班级，分成三队，一至六年级的1、2班为红队，一至六年级的3、4班为黄队，一至六年级的5、6班为蓝队。每队根据各个年级的特点分组参加比赛项目，按照各项目的比赛规则和积分办法计分，总分最高的队为优胜队，颁发优胜奖。表1-5是2016—2019年长沙高新区虹桥小学运动会参与人数的情况。

表 1-5　2016—2019 年运动会参与人数对比

年份	在校人数	参与人次	生均参赛次数	备注
2016	1837	621	0.34 次	田径运动会
2017	1849	2643	1.43 次	全员运动会
2018	1831	3822	2.09 次	全员运动会
2019	1701	3856	2.27 次	全员运动会

全员运动会让每一名孩子都参与到运动中来，体验运动带来的快乐，全校每一名孩子都是运动员，培养了孩子们的集体荣誉感和共同协作的团队精神，让孩子们懂得了尊重集体，为未来人生打下坚实的基础。

全员运动会的开展，不仅使全校学生的身体素质得到了提升，也对体育学科进行了课程体系的全方位融合和创新，每名教师在全员运动会中不仅仅是活动参与者，更多的是多元课程的开发者和实践者。

（2）配套赛事改革让人人有舞台

要针对各专业设置配套的比赛项目，供学生参加。如，篮球专业要有班级篮球联赛，足球专业要有班级足球联赛，花样跳绳专业要有跳绳等级测试赛，健美操专业要有健美操表演赛。相应赛事要体现全员性和经常性原则。全员性是指学习该专业的学生能全员参与到比赛中。经常性是指体育比赛每期要定期开展，不是一年只开展一两次比赛。因走班制教学是同一时间上课，所以可将比赛时间安排在体育课堂内，这样既可保证赛事的有序开展，又不会占用学生其他时间。各级各项体育赛事是学生技能展示的最好平台。通过班级赛事选拔校队名单，校队代表学校参加区级、市级比赛，形成有一定基础的体育群体、基础较好的班级队伍、水平较高的校级优质队伍，最终形成三级"金字塔"成长模式，为公民培养健康的生活方式，为国家输送体育人才。表 1-6 列举了2016—2019 年长沙高新区虹桥小学举办的校园体育赛事场次数。

表 1-6　2016—2019 年校园体育赛事场次数

年份	篮球	足球	健美操	花样跳绳
2016	74	74	0	0

续表

年份	篮球	足球	健美操	花样跳绳
2017	84	84	0	36
2018	206	206	7	68
2019	206	206	14	102

4. 小学体育社团专业化、常态化发展，是输送体育人才的重要途径

学校体育的主要任务是增强学生的体质健康。衡量一所学校的体育工作水平，一方面要看学生的体质健康，另一方面也要看学校体育的竞技水平。体育走班制教学为全体学生掌握运动技能、培养健康的生活方式提供了重要保障。体育社团是从体育走班制各专业班中选拔合适、感兴趣的学生参与，是学校竞技水平的体现，是走班制教学各专业班学生追赶的方向。笔者及课题组总结出以下实践策略。

（1）管理上，优先保障体育社团发展

长沙高新区虹桥小学共有 37 个社团，其中体育社团约占全校社团的一半，参与体育社团的学生约占全校学生人数的 50%。体育社团以学校特色专业为主，如长沙高新区虹桥小学成立了足球社团、篮球社团、健美操社团、跳绳社团。除了学校特色专业社团，还成立了体育舞蹈、羽毛球、武术、排球等体育社团。

（2）时间上，一周确保 3 次以上的训练

尤其是足球、篮球等技术要求较高的团体项目，要保证训练次数。长沙高新区虹桥小学体育社团的训练全部是一周 5 次，每次训练时间不少于 1 小时。

（3）人员上，让专业人做专业事

体育社团的教师都是本专业或从事本专业工作多年的教师。在优先体育教师的前提下，外聘社会力量补充到体育社团服务中，确保训练效果。

（4）合理开发利用学校运动场地

在学校特色项目选择上，要考虑场地因素，避免项目与项目之间在利用场地时发生冲突。部分项目需要学校开发场地，如长沙高新区虹桥

小学健美操项目有 3 支队伍，但只有 1 间舞蹈室，为解决这一问题，学校利用空闲的教室，增加了 2 间舞蹈室。

（5）改革学生及教师的体育课评价体制，是实现教学相长的关键举措

长沙高新区虹桥小学结合国家课程标准以及学校体育教学改革实际情况，制定了体育课评价体系。

运动参与方面的评价。根据学生的出勤率和运动参与率来确定。小学生的出勤率和参与率普遍较高，在设置中，建议该项成绩比重不超过 30%。若出勤率存在问题，则可以考虑将该成绩比重适当提高。长沙高新区虹桥小学学生运动参与方面的成绩占总成绩的 20%。

运动技能方面的评价。根据各专业各水平的考核标准来确定。建议前期该项成绩比重设置为 30% 左右，此阶段学生的技能学习还处于初级阶段，随着技能学习的深入，可以适当将该项成绩的比重提高，以促使学生更好地学习运动技能。长沙高新区虹桥小学学生运动技能方面的成绩占总成绩的 30%。

体质健康方面的评价。根据《"健康中国 2030"规划纲要》的要求，到 2030 年国家学生体质健康标准达标优秀率 25% 以上。要达成这一目标还有很长的路要走，一刻也不能放松。在及格率和优秀率未达成目标前，建议学生体质健康测试的成绩占总成绩的比例不低于 50%，以便更好地推进学生体质健康工作。长沙高新区虹桥小学学生体质健康测试的成绩占总成绩的 50%。

五、"一校多品"理念构建的研究成果

1. 构建了"一校多品"背景下的新时代小学体育发展的理论框架

"一校多品"背景下的新时代小学体育发展的理论框架如图 1-2 所示。

《义务教育体育与健康课程标准（2022年版）》

| 总目标 | 运动参与（全员参与） | 运动技能（全员掌握1项运动技能） | 心理健康与社会适应（零校园心理意外事件） |

全员强体质　全员学技能　全员参赛事

体质健康　体育技能　保健、卫生与安全

学科融合　活动融合

个性化选择体育项目，专项化技能学习

体育走班制教学

实施过程

全员参与：全员运动会、四大项目联赛、校园吉尼斯、体育大课间、全员体质健康测试

足球　篮球　健美操　花样跳绳

学科融合活动、亲子足球赛、亲子篮球赛、亲子运动会、师生体育赛事

以体树人、身心健康全面发展

评价策略

参与111工程
1. 每天锻炼1小时
2. 每学期参与1次体育竞赛活动
3. 六年选择1项技能学习

运动技能111工程
1. 每学期1份合格体质健康测试报告
2. 四年熟练掌握1项体育技能
3. 六年掌握1门终身受用的体育课程

健康111工程
1. 每年参加1次学科融合活动
2. 每年参加1次活动融合赛事
3. 每年1份合格的心理健康测试报告

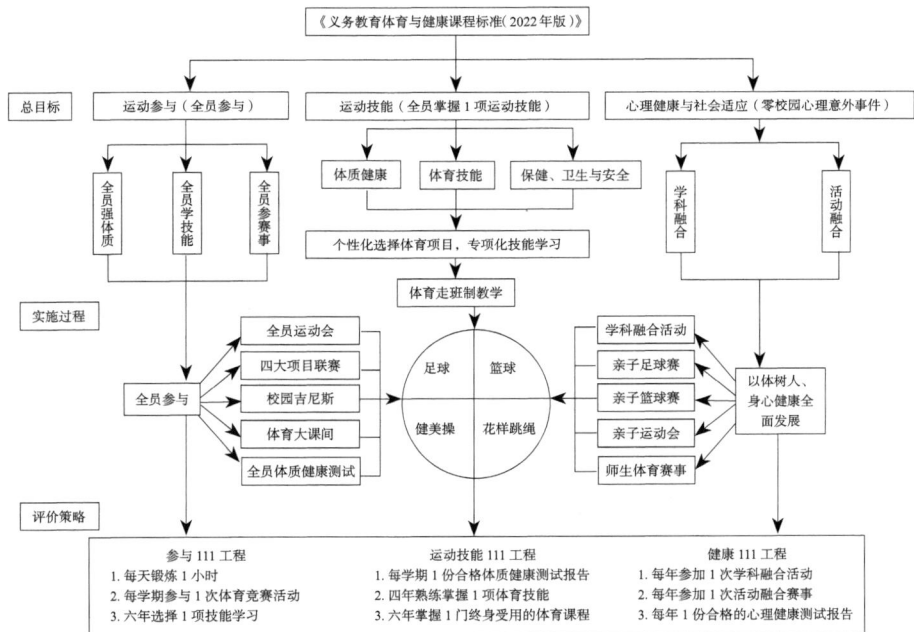

图 1-2　"一校多品"背景下的新时代小学体育发展的理论框架

2. 研究的理论成果得到了社会的认可

"一校多品"理论构建的主要研究成果已进行省级展示。课题组成员在理论研究与实践相结合的过程中承担了多项专业教学改革项目，获得国家级奖励3项，出版教材1部，在省级以上公开刊物发表论文11篇。

3. 研究成果促进了学校的发展

本课题研究成果在长沙高新区虹桥小学试行、验证，使学校专业建设水平和人才培养水平得到了极大提高，具体成果如下：

（1）专业师资队伍建设方面

2018年以来，共新增体育教师2人，具有研究生学历专业教师1人。获省级赛课一等奖的有2人。

（2）课程体系建设方面

体育走班制教学已成体系，并辐射本区其他3所学校。全员运动会项目已经形成学校品牌文化，辐射长沙及周边城市学校20余所。

（3）专业教材体系建设方面

配合体育走班制教学，形成了 4 本校本教材。参与编写并出版了《体育趣味课课练 1260 例》。

（4）专业科研能力建设方面

2018—2020 年度学校共立项省厅级科研课题项目 3 项；在省级以上刊物发表科研论文、作品 30 篇（件）；学校体育教学改革成果获得国家级奖 2 项。

（5）学生成长方面

实现了全员个性化选修体育专项技能的学习；实现了全员参与运动会；实现了全员参与体育赛事，形成了班级、校级、区级及以上的"金字塔"人才培养模式。

（6）推广价值方面

在长沙高新区虹桥小学的牵头下，金桥小学从 2018 年秋季开始进行走班制教学、体育大课间及体育赛事等体育教学改革。麓谷小学等其他小学也于 2020 年秋季开始实施体育教学改革工作。学校的体育教学改革赢得了良好的社会反响，体育特色工作多次在湖南卫视新闻联播、《中国教育报》、中国新闻网、湖南教育电视台、湖南红网等媒体被宣传报道，学校接待来自全国各地的同行学习观摩 60 余次，将体育改革的种子传播到了周边学校和城市，以及对口支援的山区学校。

本课题的研究成果是课题组成员以及全校教师理论和实践探索的智慧结晶，具有较高的推广价值，可为小学体育特色学校建设提供参考借鉴。

以下可能困扰小学体育特色学校建设的问题，值得进一步深入研究。

首先，体育走班制教学深入发展的度。随着体育走班制教学的细化深化，相应的工作量呈指数级增加。以前，体育教师只要写好教学计划和教案，就可以上课了。现在的教学要求教师更加专业和精细。随着改革不断深入发展，教师呈现精力不足的状态。如何在现有教师体系下，进一步优化体育教学工作，最大化增强学生体质，提高学生运动技能，需要进一步的研究和探索。

其次，体育教师专业成长。体育走班制教学、体育赛事的常规化等系列体育教学改革，对体育教师的专业要求越来越高。以前的体育教学和赛事组织，体育教师只要懂得基础知识就行。如今，学生的专业化学习，要求体育教师有更高的专业水平。教师的专业瓶颈也带来学生学习的瓶颈，如何快速有效突破这一瓶颈也是下一阶段要研究的问题。

最后，体育教学改革的深水区研究。长沙高新区虹桥小学的体育教学改革取得了不错的成绩。成绩的取得，也意味着改革进入了深水区。如何在此基础上进一步发展，也是需要进一步研究和探索的工作。

构建"一校一品"体育特色学校的思考

一、足球特色学校的优化

随着国家对学校体育工作越来越重视，很多地区和学校开展了"一校一品""一校多品"体育特色学校的创建工作。许多教育管理者、体育教师认为，"学校体育竞赛成绩"就等同于"学校体育品牌"。笔者试从"一校一品"的起源与发展、内涵、问题与解决三个方面阐释体育特色学校的优化路径。

1. "一校一品"的起源与发展

2003 年，浙江省杭州市萧山区新塘中心小学桥南沈分校提出"一校一品"模式，旨在缩小农村分校与农村中心学校和城市学校的差距。

2007 年，"一校一品"正式写入《中共中央 国务院关于加强青少年体育增强青少年体质的意见》。从此，全国各地开启了创建"一校一品"体育特色学校的探索之路。

2014 年，时任教育部部长袁贵仁提出，鼓励有条件的学校建立以足球为特色的"一校一品"体育教学模式。至此，"一校一品"得到了更为广泛的关注，但其学术研究成果仍较匮乏，各学校对"品牌"的理解仍停留在"竞技体育成绩"上。

2016 年，国务院办公厅发布《关于强化学校体育促进学生身心健康全面发展的意见》。该文件指出，要研究制定运动项目教学指南，让学生熟练掌握一至两项运动技能，逐步形成"一校一品""一校多品"教学模式，努力提高体育教学质量。若想打破过去唯"体育竞赛成绩"的体育品牌壁垒，就要形成"让全体学生熟练掌握一至两项运动技能"的体育品牌。

2017 年，以毛振明、于素梅等为代表的国内一流体育学科专家，开启了体育走班制教学的研究和探索，意在落实让学生熟练掌握一至两项运动技能，逐步形成"一校一品""一校多品"教学模式的国家要求。

2018年，长沙高新区虹桥小学开始实施体育走班制教学，并创建"一校多品"体育特色学校。学校经过多年的努力，基本形成了一套可操作、可实践的理论方法。

2. "一校一品"的内涵

一是从"少数"到"全体"。"一校一品"体育特色学校不是少数人取得了竞技体育成绩的学校，而是全体学生都能参与体育运动、学习体育技能、享受运动乐趣的学校。

二是从"学会"到"会用"。"一校一品"体育特色学校不是简单地让学生学会排球垫球技术的学校，而是学生能在比赛场上运用垫球技术的学校。

三是从"被动"到"主动"。"一校一品"体育特色学校不是逼着全体学生都要熟练掌握学校规定的"唯一"运动项目，而是分情况、分项目、分层级地让学生主动地学习自己适合的、喜欢的运动项目。

3. "一校一品"的问题与解决

是不是让全体学生熟练掌握一至两项运动技能后，就不需要体育成绩了？答案是否定的。对于"一校多品"中存在的问题，毛振明教授为广大中小学提供了解决方案。实践表明，这种方式有效可行。这里以足球特色学校为例进行阐述。

100%支持足球项目的学生。对于足球特色学校，不是说全体学生都要熟练掌握足球运动技能，但应该让那些不适合和不喜欢足球运动的学生能看懂足球、体验足球、喜欢足球。他们是学校班级足球赛的一般参加者和代表队的声援者。可以在中小学起始年级，即小学一、二年级和初中七年级开设基础课程，让学生学习足球的基本知识和技能。

30%左右适合足球项目的学生。通过体育走班制教学，从三年级开始，在年级内打破行政班级上体育课的形式，设置足球等多个专业班供学生选择。适合学习足球的学生进行长期、系统的学习，学生熟练掌握足球运动技能，成为班级足球赛的主力军。

5% 左右特别适合足球项目的学生。这部分学生通过课后服务足球社团、课后足球校队进行专业训练，成为学校足球队的主力。

在一、二年级进行足球基础课程的普及；在三至九年级进行体育走班制教学，让喜欢足球运动、适合足球运动的学生在体育课堂上系统地学习足球知识与技能，在课后进行专业训练形成学校体育人才培养的三级"金字塔"模式。

二、全员与精英

体育人才培养的三级"金字塔"模式，"塔底"是大众体育人，"塔身"是后备人才，"塔尖"是体育精英。"金字塔"是真正意义上的全体学生参与，是培养学生健康生活方式的重要途径。塔尖是少数精英，旨在满足将来走体育路线的学生，是学校体育培养国家体育后备人才的关键（图 1-3）。

1."金字塔"分级

第一级（塔底）：全体支持、理解体育项目的学生。在起始年级（小学一、二年级，初中七年级）进行知识的普及和技能的体验，旨在培养全体学生理解、支持某一体育项目。

第二级（塔身）：30% 左右适合某一体育项目的学生。通过大单元教学、体育走班制教学等方式，学生选择自己喜欢的、

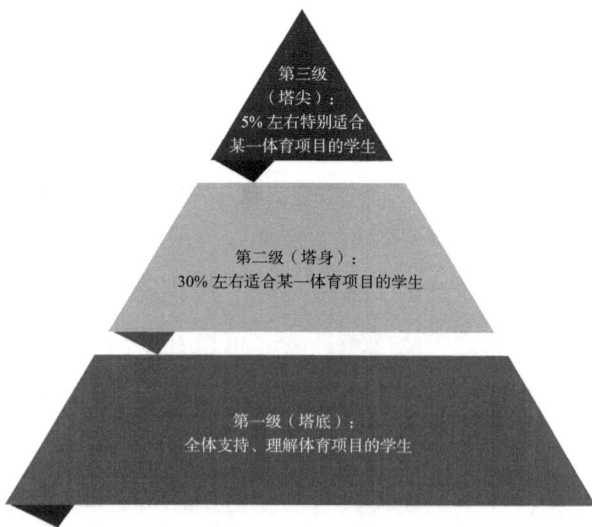

第三级（塔尖）：5% 左右特别适合某一体育项目的学生

第二级（塔身）：30% 左右适合某一体育项目的学生

第一级（塔底）：全体支持、理解体育项目的学生

图 1-3　体育人才培养的三级"金字塔"模式

适合的体育项目进行学习，成为某一体育项目的爱好者。

第三级（塔尖）：5%左右特别适合某一体育项目的学生。理想状态下，学生在课内有一定的基础，再通过课后体育校队的训练，达到较高水平，能代表学校参加区、市级及以上的比赛并取得优异成绩。

2. 校长的态度

为何一定是这样的"金字塔"模式，而不是选择其中某一个环节来实施？事实上，大多数学校的体育品牌都是靠第三级"体育竞赛成绩"来支撑的。绝大多数校长并不是体育科班出身，能理解体育、支持体育的校长少之又少，致使体育陷入"说起来重要、做起来次要、忙起来不要"的窘境。如果学校体育工作是按照"金字塔"模式培养人才，那么无论校长是什么学科出身，他们至少都不会反对体育，因为他们从小就理解体育、支持体育，不会对体育学科有偏见。在这样的学校，体育教师能更好地开展工作，学生能更多地参与体育活动。校长是真的不支持体育工作吗？笔者在与上百位校长的交流过程中发现，对于音、体、美、科学等综合学科，绝大多数校长其实都是一个态度，谁做出成绩，就给谁资源；在没出成绩前，都持保守态度。

3. 从体育成绩出发

"体育成绩"成了关键，一名学生或一支队伍在区、市级比赛中获得好成绩继而影响整个学校体育风貌的例子比比皆是。在打造学校体育品牌时，无论是校长还是体育教师，都可以从培养塔尖的人才着手，选拔苗子、组建校队、参加比赛，这种人才培养的路径非常清晰；而从教学改革着手，一级一级地培养人才，需要耗费大量人力、物力。但是，从长远发展来看，"金字塔"模式是抗风险的最佳方式，不会因为更换了校长或某一位体育教师而让学校的体育品牌随之瓦解。全员参与的人才培养模式，让不同能力、不同兴趣的学生站在了"金字塔"的适合位置，"塔尖"永远不缺人才，因为有"塔底"和"塔身"源源不断地输送人才。

三、活动与品牌

在用"体育成绩"激活学校体育品牌的发展之外，还有其他方式构建"金字塔"模式的学校体育品牌吗？答案是肯定的。以体育活动打造学校体育品牌便是其中的一种方式。

如果说用"体育成绩"打造品牌，是从精英走向大众的发展路径，那么用"活动"打造品牌，就是从大众走向精英的发展路径。

在中小学校，体育活动主题不明确、组织随意的情况很常见。除了运动会、班级足球赛和篮球赛能持续开展外，其他体育赛事活动能持续开展的学校寥寥无几。

以品牌与活动为抓手，打造"一校一品"，要注意以下几点：

一是数量上求精。体育活动并非越多越好，这与学校的人员配备、财政情况、物资条件等都有关系。从实践经验看，一个学期组织一次大型体育活动（全体学生参与）和一到两次中小型体育活动比较合适。过多的体育活动，会让组织者疲于应付，流于形式，反倒不能把活动做好做精。

二是主题上求真。明确活动主题，其实是思考活动目的的过程。活动组织者要明确开展学生体育活动、教职工体育活动、亲子体育活动、学科融合体育活动等的目的，明确活动主题。要知道，人始终是最终的受益对象，办学生类体育活动，受益的应该是学生。

三是传承上求新。体育赛事应具有传承性，体育活动一定要冠名第几届，避免因校领导的更换而停止活动。在传承上要不断创新，力争改进上一届活动中出现的问题。每一届体育活动结束后，都应把资料做成手册并进行集体反思，反思做得好的地方和有待改进之处。

四是效果上求绩。首先，要考虑成本，力争花最少的人力、财力、物力办活动。体育走班制教学就是一种能很方便地开展学生体育赛事，且成本较低的教学方式。它将同一年级的体育课排在同一时间，为班级体育赛事提供了条件。不占用其他时间办赛事就具有一定的经济性。其次，过程要留痕，活动方案、参与人员、活动结果、活动照片等资料要做成手册，方便应对上级检查，也可为优化下一届活动提供便利。最后，成果要体现，体育竞赛成绩、学生参与情况、活动推广价值、媒体宣传等都属于体育竞赛成果。竞赛成绩是否有突破，学生参与面是否更广，活动是否推广至其他学校，媒体宣传是否产生了社会价值，这些方面都值得我们去关注。

四、课堂与课余

"一校一品"体育特色学校的创建，是人才培养的理想模型，缺少任何一个部分，都不能称为真正意义上的"品牌"。只培养体育精英的学校体育是缺乏"根基"的教育，违背了《义务教育体育与健康课程标准（2022 年版）》中提出的"面向全体学生"这一基本原则。只注重基础性教育的大众体育是埋没"人才"的教育，违背了课程标准中提出的"因材施教"这一基本原则，致使学校既埋没了学生的天赋，又难以形成"体育榜样"案例和"体育精神"人文故事。

在"一校一品"体育特色学校的创建过程中，可以从课堂教学和课余活动两个方面着手，围绕品牌项目的"学、练、赛"一体化具体实施。

在"学"中孕育品牌。课堂永远是教师的主阵地，教师不仅要知道自己应该教什么，还要知道学生学会了什么。要想打破过去"学了九年体育，什么运动技能都没学会"的局面，就要在课堂教学中采取"大单元教学""体育走班制教学"等长期、系统的教学方式。课程标准明确提出，大单元教学是指对某个运动项目或项目组合进行 18 课时及以上相对系统和完整的教学。要避免把一个完整的运动项目割裂开来、断断续续实施教学，或在一个时间段内教授不同项目，如第一节课教排球的垫球技术，第二节课教篮球的原地运球，第三节课教武术的马步冲拳，导致运动技能学习的负迁移。

在"练"中形成品牌。在大课间、社团、校队等课余活动中，进行以品牌项目为主的多元项目有梯队、有分层的练习。课程标准明确提出，要加强课内外的有机结合，促进学生通过较长时间的连续学练，掌握所学的运动技能。

在"赛"中突出品牌。利用课堂、课余活动时间，围绕品牌项目开展或参加班级联赛、校级联赛、区域联赛。课程标准明确提出，教师应在提高课内教学质量的基础上，积极组织、指导学生参与校内多种形式的课外体育活动和竞赛活动，促进学生更好地形成核心素养。

在"一校一品"体育特色学校的创建过程中，应形成教学、训练、赛事的体系。

在教学体系中，做到规定性与规范性同步。规定性是指品牌项目必教必学，规范性是指教育教学的系统性、连续性和科学性。要科学设置不同阶段的学习要求，要处理品牌的普及与精英教学的关系，做到品牌项目基础知识全员普及、高阶技能有人掌握。

在训练体系中，做到选择性与多样性协同。选择性是指课堂教学、课余训练中学生能选择自己适合的、喜欢的项目进行学习，而不是千篇一律——"不管学生喜不喜欢、适不适合"都学同一个项目。多样性是指在开设体育品牌项目以外，还开设其他项目供学生选择。在学校师资、场地等条件允许的情况下，尽可能开设更多的项目供学生选择，以满足学生的多元需求。

在赛事体系中，做到梯队性与成长性互补。梯队性是指在培养学生能力时，应该形成各阶段、各水平连续的人才队伍。成长性是指除了每个年级要有精英队伍，能代表班级、学校甚至区域参加赛事或展示外，每个年级内部还要形成"金字塔"模式的人才结构，让人才自由流动，在年级内部、各年级之间形成人才的互补。

最终，学校形成"一校一品、一生一长、一师一专"的体育新局面（图1-4）。

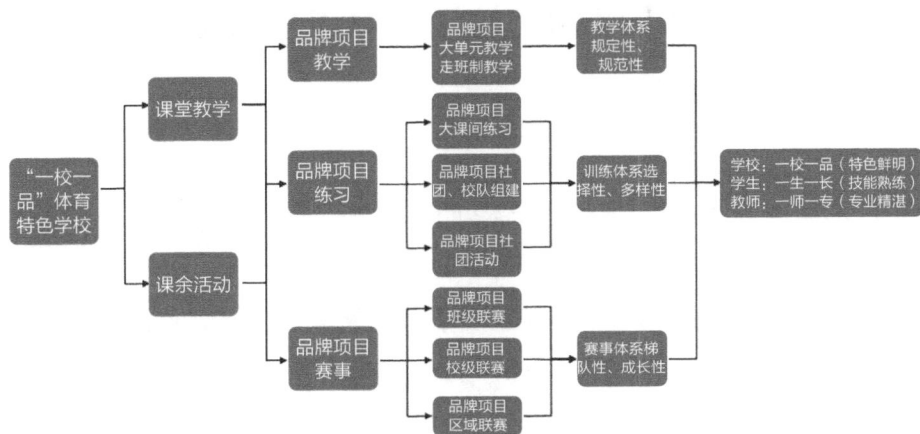

图 1-4　"一校多品"体育特色学校的创建过程

新时代中小学体育教学的痛点与难点分析

2020年10月15日，中共中央办公厅、国务院办公厅印发了《关于全面加强和改进新时代学校体育工作的意见》。新时代，国家对学校体育工作提出了新的要求，基础教育阶段的学校体育工作是重中之重，学校体育工作的关键在课堂教学。笔者针对新时代中小学体育教学的痛点与难点，结合自身的体育教学实践，就中小学体育课堂教学提出些许建议。

一、体育课堂教学的痛点与难点

1. 学校体育课时不断增加，学生体质却在不断下降

国家提倡，保障中小学生每天校内、校外各1小时的锻炼时间。但事实上，学生校内和校外的锻炼时间很难得到保障。未能开齐开足体育课的学校仍然存在，体育课被挤占甚至成为一种常态，时间的保障成了难题。而且，学生体育运动存在强度不够的问题。体育课上学生不出汗、不喘气，体育课成了文化课的样子，说教多、练习少，达不到有效锻炼的目的。

2. 学生对体育课的兴趣不高

上课前，学生听到要上体育课很兴奋；上课中，学生盼着快点下课；下课后，学生期待下次能有"放羊课"。这是目前很多学校的体育课现状。完全让学生自由活动的"放羊课"已不是主流，取而代之的是大量的队列队形练习和体质健康测试内容，以及少量的基本运动技能学习和体育游戏。过多的队列队形练习和体质健康测试让教学内容变得简单枯燥，少量的体育技能学习和体育游戏让教学内容不够深入和丰富，导致学生对体育课的兴趣不高。

3. 学生上了九年体育课，什么运动技能也没学会

体育课的课堂内容主要涵盖体育健康知识、基本运动技能和专项运

动技能，种类多、内容杂。每学期，各项目的学习一般只有 4 课时左右。例如，篮球技能学习，学生学了 4 课时篮球技能后，还没掌握门道，就换到了下一个技能的学习。这样的教学方式，让体育教师的教学内容只能"低级重复"和"蜻蜓点水"。体育教师对此也表示无奈，如果不这样上课，则教学任务难以完成。

二、体育课堂教学的改进建议

1. 增强学生体质，确保时间和质量

（1）开齐开足体育课是基本要求

没有时间的保障，增强学生体质会沦为空谈。小学体育课每周 3~4 节，中学每周 2~3 节，学校要确保体育课时不被占用。对此，教育行政部门要加强监管，防止偷换概念的"文体课""健康综合课"，避免把体育课上成文化课。国家鼓励基础教育阶段学校每天开设 1 节体育课，这是落实每天校内锻炼 1 小时的最好途径。

（2）确保体育课的运动强度

体育课少讲多练应是一种常态。学生出汗、微喘气是一堂优质体育课的基本要求。体育教师应设计好教学内容的强度，确保一堂体育课有 20 分钟左右的中等强度练习时间。遇到运动强度不够的教学内容时，应通过体育"课课练"环节进行补充。

（3）布置体育家庭作业，精准增强体质

体育课要布置体育家庭作业，帮助学生全面提升体质健康水平。学生身体素质各有差异，有力量素质好、柔韧性素质差的学生，也有速度素质好、耐力素质差的学生。课堂内解决学生的共性问题，是总体性干预；体育家庭作业则能解决学生的差异性问题，是个性化干预。

2. 提高学生兴趣，做到量化和变化

（1）教学内容的量化和变化

教师对教学内容要进行数据量化，学生通过数据能知晓自己的体质变化和技能技巧掌握情况；教师通过数据能掌握学生的学习情况，从而进一步精准指导学生。做到教学有数，学生的体育技能学习就会不断升级，学生就能体验到运动的乐趣，收获成功。例如，教师可以测试学生1分钟原地运球拍球个数、28米往返跑运球速度、1分钟定投篮个数等。对课堂教学内容进行量化后，将数据进行横向和纵向对比，数据的变化，能不断激发学生的学习兴趣，学生会自觉地将更多时间投入到体育锻炼中，形成终身体育的意识。

（2）教学评价的量化和变化

评价的量化表现为内容的具体性，评价的变化则表现为努力的因素。表扬时，教师要注意表扬的具体内容和促进后天成长型的因素，如学生的精神面貌好、某个篮球技术动作到位、通过努力后的进步情况等。总之，要让学生明白，通过努力就能收获成功，而不是简单地说学生聪明、有天分之类的话。批评时，讲出具体的情况，帮助学生纠正错误。值得注意的是，不能用侮辱性话语批评学生，也不要用技能学习来惩罚学生。如篮球课罚学生10分钟不间断拍球、10分钟夹球等，学生可能原本对篮球运动非常有兴趣，如果用这种方式惩戒学生，学生的潜意识里就会认为篮球是一种惩罚，长此以往，只会让学生对篮球运动失去兴趣。对于学生上课影响他人的行为，建议剥夺学生的练球机会，潜移默化地让学生知道练球是一件有趣的事。

3. 学习运动技能要有平台

（1）运动技能大单元教学

如果说传统的体育课堂教学是1.0版本，那么运动技能大单元教学则是2.0版本。运动技能大单元教学，即体育教师用一半左右的课时，教自己所擅长的专业；用另一半的课时，完成课程教学任务。之所以很多学生上了多年的体育课什么都没学会，是因为大量低级重复和蜻蜓点水式的教学，什么都教了，却什么都没教好。每名体育教师在大学阶段都有自己的主修专业。如果让篮球专业的男教师教学生体育舞蹈，学生难以欣赏到体育舞蹈的美感和韵律，让其教篮球，才是如鱼得水。常言道，术业有专攻，让专业的人做专业的事，才能让体育教学发挥最大的价值。

（2）体育纵向排课教学

体育纵向排课教学，是体育教学的3.0版本。体育纵向排课教学是指同一年级的体育课设置在同一时间段。在课堂教学中，体育教师用一半左右的课时，教自己所擅长的专业。比起运动技能大单元教学，体育纵向排课教学多了班级之间的赛事舞台。没有体育赛事的技能学习是不完整的技能学习。传统的排课，同一年级各班的体育课大多在不同时间段，纵向排课后，同一年级各班在同一时间段上课，各项体育活动的组织和开展变得简单易行。班级之间的交流与竞赛，能将班级凝聚成一个集体，帮助营造体育竞技氛围，也促使学校形成体育特色，让体育竞赛变成体育课程的一部分，让体育竞赛成为常态。学生会运球，不代表会比赛，在教学中设计班级体育比赛，运动技能的教、练、赛三者统一，才能让学生真正掌握运动技能。

（3）体育走班制教学

体育纵向排课教学解决了技能学习的问题，但未能解决学生的兴趣选择问题，没有充分考虑学生喜不喜欢、适不适合。体育走班制教学是一种有选择性的专项化体育教学方式。体育走班制教学是将同一年级的体育课排在同一时间，上课时打破行政班级，按学生的自选运动项目进行体育教学，是一种长期的有选择性的专项化体育教学。学生可以选择自己喜欢的、适合的运动技能进行学习，教师可以教授自己擅长的体育项目。体育走班制教学做到生生能选择、人人会技能、周周有比赛，这也是目前国家倡导的一种教学模式。

总之，解决中小学体育课教学的痛点与难点，要从课程着手，而不仅仅是上好某一堂体育课。要解决学生体质弱的问题，就要确保开齐开足体育课，每节体育课的练习内容要有强度和难度，确保锻炼效果，并结合体育家庭作业，全面增强学生体质。要解决学生兴趣不高的问题，就要让学生有选择学习运动技能的权利，教学评价要量化，让学生看得到自己的进步。要解决学生运动技能学习方面的问题，在学校没有进行体育改革时，体育教师可以用一半左右的课时教自己擅长的专业，让学生基本掌握一项运动技能；准备改革的学校，可尝试进行体育纵向排课教学，让学生熟练掌握一项运动技能；进行深度改革的学校，不妨进行体育走班制教学，让学生在可选择的前提下，熟练掌握一项运动技能，这也是体育中考、体育高考的改革方向。

中小学生熟练掌握 1~2 项运动技能的教学策略

2016 年，中共中央、国务院印发了《"健康中国 2030"规划纲要》，提出"青少年熟练掌握 1 项以上体育运动技能"。2020 年，中共中央办公厅、国务院办公厅印发了《关于全面加强和改进新时代学校体育工作的意见》，明确提出，义务教育阶段体育课程帮助学生掌握 1~2 项运动技能。然而，在中小学体育教学中，却普遍存在学生在接受九年义务教育之后，没有熟练掌握一项体育运动技能的现象。

解决中小学生不能熟练掌握 1~2 项运动技能的问题，成为广大中小学体育教学的一大难题。小学体育与健康课程因全国及地域教材不统一，随意教学成常态，"低级重复""蜻蜓点水""浅尝辄止"的教学方式被诟病。初中体育课程教学目标单一，大多围绕体育中考来教学，课堂练习枯燥、教学效果不佳。笔者所在课题组引入体育大单元教学、体育纵向排课教学、体育走班制教学、体育模块化教学等教学策略，以期为中小学校体育教学的开展提供一定的借鉴与参考。

一、体育大单元教学

体育大单元教学是指在一个相对较长且集中的时期内，对一个项目内容进行系统教学或阶段教学的教学方法。体育大单元教学有两种方式：一种方式是按学段进行教学分配。如小学阶段有六学年 12 个学期，使运动技能由"点"及"面"，由零散的小单元向系统的大单元转变，在小学阶段各个学期，根据完整的大单元教学计划进行合理规划，每学期安排 6~20 课时进行体育技能教学；另一种方式，是将运动技能的完整教学计划安排到 1~2 个年度教学计划中，进行有侧重的教学，每学期安排一半左右的课时进行某一运动项目的技能教学。

同样是体育大单元教学，上述两种方式各有优缺点。从系统上看，第一种方式更加科学合理，但需要固定授课教师和教学内容，精准地完成教学任务，部分学校存在体育教师流动性大、教学进度难以把控的情况，形成了实际的教学困难。第二种方式相对较符合各学校实情，但也存在教学进度难以把控、短时间内教完所有教学内容，导致学生学习质量参差不齐的现象。

在以上两种方式的基础上，笔者所在课题组提出小模块技能的大单元教学策略。一是将完整的运动技能教学内容进行小模块化分解，如篮球技能可分解为篮球基本知识、球性、步伐、原地单手运动、行进间单手运球等小模块技能。二是体育教师根据学生的基本情况，设计小模块技能动作的教学课时。若三年级学生没有篮球基础，在球性小模块技能学习上可设计3~5课时，直到80%以上的学生熟练掌握，再进行下一个小模块技能教学；若三年级学生有一定的篮球基础，在球性小模块技能学习上可设计1~2课时。这种方式不受体育教师变动的影响，是一种根据学生掌握小模块技能情况的动态教学方式。如临聘教师张三在某小学教某班的体育，教学重点是篮球；一年后，张三去其他学校任教了，学校招聘篮球专业教师李四担任该班教学。李四根据学校体育大单元教学计划安排，测试学生各个小模块篮球技能的掌握程度，制订新的教学计划。测试过程中，李四发现该班学生球性、原地单手运球、行进间单手运球和定点投篮等技术较为成熟，因此每个小模块技能的教学可只设计1~2课时；对学生掌握得不好的其他小模块技能的教学可以设计4~8课时不等。

大单元教学模式是一种有侧重的体育教学方式。实践证明，它能让学生较为熟练地掌握1~2项运动技能，但也存在不足之处，大单元教学模式只考虑了学校和教师个人的特点，未考虑学生的兴趣和适性问题。

二、体育纵向排课教学

体育纵向排课将同一个年级的体育课设置在同一时间段，一名体育教师在一个年级只教一个班级，在一个相对较长且集中的时期内，对一个体育运动项目进行系统教学或阶段教学。

学校体育涉及三个大的方面，即教会、勤练、常赛。勤练意味着学校体育除了课堂教学之外，还要经常性地组织课余体育训练、课余体育锻炼，要让学生重温在课堂上学到的知识，经常练习基本运动技能和专项运动技能。传统体育课做到"教会"和"勤练"相对容易，做到"常赛"却相对困难，特别是较为正式的比赛难以实现。传统的体育课程排课一般是一名体育教师教同一个年级的多个班级，这意味着同年级各班的体育课排在不同时间段，因此在同年级组织比赛比较困难，需通过调课等工作才能完成。即便是大单元教学模式，也是按照传统方式进行排课，无法做到"常赛"，这意味着学生不能有效地运用技能。

体育纵向排课教学解决了体育课堂教学中存在的几个问题：

首先，解决了体育课堂教学"蜻蜓点水"的问题。传统体育课堂教学，是一种侧重不明显的教学方式，走、跑、跳、投、足球、篮球等项目一般分别教 4 课时左右，大多是"蜻蜓点水"。体育纵向排课是一种有侧重的教学方式，让体育教师教得更深入，有课时保障；学生掌握体育技能更熟练。教师用 50% 左右的课时教自己擅长的或学校特色发展的运动项目内容，另外 50% 的课时完成体育与健康课程标准其他内容的教学，让学生真正熟练掌握 1~2 项运动技能。

其次，解决了体育课堂教学"低级重复"的问题。传统体育课堂教学中，小学低年级学前滚翻，小学高年级再学前滚翻，到了初中还学前滚翻，这种不同水平段的前滚翻教学，并没有本质差别，是一种"低级重复"的教学。体育纵向排课教学是一种系统的教学方式，按课程标准要求分水平教学，有侧重、系统地教学，小学三年级或四年级开始进行有侧重的运动技能教学，一项运动技能的教学周期为 2~3 年，不是一个学期教完所有内容，而是有目标、有任务分解地系统教学。

最后，解决了体育课堂教学"学、练、赛、评"融合的问题。传统体育教学或体育大单元教学没有从根本上解决"学、练、赛、评"的融合，传统的教学方式基本以"学、练"为主，大单元教学以"学、练、评"为主，二者都缺少"赛"的部分。体育纵向排课教学让同一个年级的班级在同一时间段上课，各项体育活动的组织变得简单易行。班级间跳长绳、拔河、足球赛、篮球赛等系列活动可以很方便地开展。

体育纵向排课教学模式，是在不增加师资的情况下，让中小学生熟练掌握1~2项运动技能的优质教学方式，但也存在不足之处，没有考虑学生的兴趣和适性问题。

三、体育走班制教学

体育走班制教学是指学校将同一个年级的体育课排在同一时间，上课时打破行政班级，按学生的自选运动项目进行体育教学，是一种有选择性的专项化体育教学方式。

体育走班制教学是从大学的"三自主体育教学"和高中"体育模块化教学"的教学经验中提炼而来的，它解决了体育课堂教学中的几个问题。

第一，和体育纵向排课一样，解决了体育课堂教学"蜻蜓点水"和"低级重复"的问题。

第二，解决了体育课堂教学"适性发展"的问题。无论是大单元教学还是体育纵向排课教学，都没能很好地解决学生"兴趣"和"适性"两个方面的问题。体育走班制教学解决了这一难题，打破行政班级上课，学生根据自己的兴趣和适合度选择专业班上课。专业班会根据学生基础情况进行分层教学，可分为"慢班""中班""快班"等，这是体育走班制教学和其他教学方式最大的不同。

第三，解决了教学中"浅尝辄止"的教学问题。体育走班制教学让专业的教师做专业的事，学生学适合自己的项目。如，足球专业的教师主要教授足球；而适合踢足球的学生，所选项目是足球。不再像以往没学过健美操的足球专业教师教健美操，没学过足球的健美操专业教师教足球。教学内容更有深度和难度，教师可以将一个专业教透，帮助学生熟练掌握某一项运动技能。

第四，解决了体育课堂教学"学、练、赛、评"融合问题。体育大单元教学、纵向排课教学和走班制教学一样，都能很好地解决学和练的问题，但会出现同一个年级不同班级运动项目学习不均衡的现象。例如，一所小学只有 1 名篮球专业教师，这名篮球教师只教了六年级的 1 班，在进行班级篮球赛时，势必六年级 1 班的学生在技能上占据绝对优势，在体育评价上，也会占优势。体育走班制教学彻底解决了这一难题，一个行政班会有不同专业班的学生，如长沙高新区虹桥小学设置了足球、篮球、花样跳绳、健美操四个专业，每个专业都有三至六年级每个班的学生 11 名左右。班级足球赛、篮球赛、跳绳赛、健美操赛等的比赛结果不再一边倒。举行班级活动时，每个班都有拿得出手的节目，做到了"学、练、赛、评"一体化，学生评价、班级评价更加科学合理。

总之，三种教学策略都是为了帮助学生熟练地掌握 1~2 项运动技能。三种教学策略各有特点，它们在帮助学生熟练掌握 1~2 项运动技能的效果上是递进关系，需要的条件也是递进的关系。体育大单元教学，是最简便的教学改革策略，体育教师设计好教案就能实现；体育纵向排课，需要在体育大单元教学的基础上，将学校同一个年级的体育课排在同一时间段；体育走班制教学，是在体育纵向排课的基础上，打破行政班上课，学生选择适合自己的、感兴趣的专业上课，需要有一定的师资才能实现。以上三种教学方式，已在全国上百所学校得以实现，并取得了一定成效。在不同场地和师资的情况下，通过体育教学改革，学校才能真正实现"一校一（多）品""一生一长""一师一专"的良好体育课程教学新局面。

校长的"以体树人"之道

中共中央办公厅、国务院办公厅印发的《关于全面加强和改进新时代学校体育工作的意见》指出，学校体育是实现立德树人根本任务、提升学生综合素质的基础性工程，是加快推进教育现代化、建设教育强国和体育强国的重要工作，对于弘扬社会主义核心价值观，培养学生爱国主义、集体主义、社会主义精神和奋发向上、顽强拼搏的意志品质，实现以体育智、以体育心具有独特功能。

作为一名小学校长，笔者认为，"以体树人"应该从以下三个方面着手。首先，体育锻炼方面。抓好学生体质健康、使学生学会运动技能是学校体育的根本。体育锻炼不仅有助于学生保持健康的身体状况，还有利于培养他们自信、坚毅和团队合作的精神。其次，体育文化方面。要传授体育文化和健康教育方面的知识，提高学生的体育文化素养。最后，社交能力方面。学校要搭建舞台，让人人都有机会参与竞赛或展示活动。学生在体育活动中能学会与不同类型的人相处，包括老师、同学、校外人员等；能形成正确的胜负观，通过体育赛事，培养积极向上的人生态度；能学会正确观赛，形成正确的价值观，以更好地适应社会。

从某种意义上说，落实核心素养就是落实"以体树人"——通过体育课程帮助学生逐步形成正确的价值观、必备的品格和关键的能力，包括运动能力、健康行为和体育品德等。要落实核心素养，要"以体树人"，就要做到以下七点。

一是制订合理的体育计划。制订合理的体育计划是"以体树人"工作的首要任务。校长应与体育教师合作，设置适合学生的体育课程和活动，提出可量化的要求。体育课程应该注重综合素质的培养，包括体质、技能、心理素质、体育行为等。

二是提供多样的体育活动。体育活动的多样性可以吸引更多的学生参与，提高学生参加体育锻炼的积极性。除了常规的体育课外，学校还可以开展各种体育比赛、运动会、夏令营等活动，激发学生的兴趣和热情。此外，学校还可以与当地的体育协会、俱乐部合作，引进一些新颖有趣的体育项目，以满足学生的不同需求。

三是重视体育设施的建设。体育设施的建设对于"以体树人"工作至关重要。校长应尽可能提供先进、完备的体育设施，以满足学生参与体育活动的需求。此外，学校还应该注重设施的维护和更新，确保学生在安全、舒适的环境下进行体育锻炼。

四是重视体育教师的培训。体育教师是"以体树人"工作的关键人物。校长应注重对体育教师的培训，帮助他们不断提升教学水平和教育理念。不仅要在校内学，还要通过"走出去、请进来"的方式，开阔教师视野，丰富教师教育教学知识，防止闭门造车。

五是鼓励学生参与社会体育活动。除了开展丰富的校内体育活动外，校长还应鼓励学生参与社会体育活动。这不仅可以让学生更好地了解体育文化，还可以提高学生的综合素质，增强社会责任感。学校可以组织学生参加各种体育比赛和义工活动，以培养他们的合作精神和领导才能。

六是建立健康的校园文化。校园文化对于"以体树人"工作也有重要影响。校长应倡导健康的校园文化，包括饮食健康、运动休闲、心理健康等方面。学校可以开设健康教育课程、建立健康饮食标准、提供各种健康咨询服务等，帮助学生养成健康的生活习惯。

七是强化家校之间的合作。家庭对于学生的身心健康有重要的影响。校长应积极与家长沟通，形成"熟人"育人圈，共同促进学生身心健康。学校每年要定期组织家长参与亲子体育活动，如爸爸篮球赛、妈妈气排球赛、亲子运动会等，形成家校合作的育人环境。

著名教育家张伯苓曾言：不懂体育者，不可以当校长。作为校长，要重视体育，体育是全面育人的重要基础，也是落实立德树人根本任务、培养德智体美劳全面发展的社会主义建设者和接班人的基本要求。

对体育教师践行"以体育人"理念的思考

体育教师是落实"以体育人"这项工作的具体责任人。如何践行"以体育人"理念，是每一名体育教师必须思考的问题。笔者认为可以从以下三个方面着手。

一是提高学生身体素质。对于体育与健康学科，落实"健康第一"的教育理念永远摆在第一位，也是该学科教育教学的根本原则。促进学生身体素质的全面发展，不仅仅要让学生学会体育技能和规则，而且要让学生通过体育锻炼，全面提高身体素质，包括身体协调性、耐力、力量等。在课堂上，体育教师要注重锻炼的效果，注重运动强度、密度和难度的要求，这也是《义务教育体育与健康课程标准（2022年版）》的要求。课堂上要避免出现2名学生接力跑、48名学生在等待，2名学生在进行"斗鸡"游戏、48名学生在围观的低运动密度的现象。要改变以往"不出汗、不红脸、不喘气"的低运动强度的上课方式，以及"不讲就会、不练就上、玩完就散"的低水平、低要求、低难度体育课。

二是培养学生健康的生活方式。除了提高学生身体素质，体育教师还要引导学生形成良好的体育锻炼习惯，养成健康的生活方式。良好的体育锻炼习惯不仅有利于身体健康，也有助于培养学生的自律意识和毅力。体育教师应该积极宣传体育锻炼的重要性，向学生传递正确的运动观念和方法，鼓励学生在日常生活中坚持运动，培养学生的自我管理和自我激励能力，教会学生跑、跳、投等运动方式，帮助学生熟练掌握1~2项运动技能。

三是培养讲规则、能吃苦、会合作的优秀公民。体育精神的培养是"以体育人"的题中之义。体育教师要注重培养学生的规则意识、吃苦耐劳品质和团队合作精神。体育学科要发挥体育的独特育人价值。例如，体育课堂要帮助学生树立规则意识。同时，体育教师要倡导体育精神和奥林匹克精神，培养学生吃苦耐劳、顽强拼搏、团结协作等精神。在课堂上，体育教师应注重培养学生的团队合作精神，以集体项目为主，通过分组比赛、协作训练等方式让学生体验到团队合作、遵守规则的重要性。体育教师应积极传递这些精神，让学生在体育活动中领悟和实践这些精神的内涵，以此激发学生的学习热情和责任感。

总之，体育与健康学科的教学质量关系到学生的身心健康发展，关系到未来社会的良好发展，也关系到我国"健康中国""体育强国"的实现。"以体育人"需要体育教师认真上好体育课，提高学生身体素质、教会学生运动技能，为学生提供合作、展示的机会，这些都是践行"以体育人"理念的具体要求。

中小学体育教学面面观

——告别"放羊课" 上好"锻炼课"

近来一则新闻引发热议，"跳绳被列入学生体质健康测试的重点项目，贯穿小学教育的全程，是每个年级的孩子必须要达标的考核内容。于是，一些地方的跳绳培训班应运而生"。"跳绳培训班"的火爆一方面迎合了家长的焦虑，但更与跳绳成绩与评优及升学挂钩的助推不无关联；另一方面，则反映出国家对体育的重视。很长一段时间以来，体育课都得"让位"于其他课程，近几年来体育的地位才逐渐提升。体育锻炼的本义是什么？当前中小学体育教学还普遍存在哪些问题？问题解决的突破口在哪儿？《教育家》特邀校长、体育教师、专家共话中小学体育教学。

讨论嘉宾：李国华〔北京师范大学全国学校体育联盟（教学改革）专家〕、秦旸（天津体育学院副教授）、李远宏（湖北省襄阳市方圆学校校长）、龙克威（湖南省长沙高新区虹桥小学体育教师）、姜秀（江苏省徐州市铜山区柳新实验小学体育教师）。

一、体育教师缺口大，专业技能待提升

《教育家》：我国体育课堂教学目前存在哪些问题？

李国华：体育是实操性极强的学科课程，体育课堂教学在教育思想、教学内容和教学方法上存在着较大的问题。其一，"教会"的问题。一些体育课没有让学生学到真本领。其二，"提高"的问题。通过运动技能的学习，有些学生的身体素质未能提高，喜欢体育运动却不喜欢体育课。其三，"方法"的问题。有些学生没有掌握锻炼身体的方法，未能养成健康的生活方式。教师对体育教学内容的理解不够，体育课堂教学"蜻蜓点水、低级重复"，学生失去学习兴趣，就会感到体育课很枯燥甚至"折磨人"。

小学体育课因学校怕学生受伤而担责，便成了"安全体育课"；初

中体育课为中考体育让路，成为"应试体育课"；高中体育课顾及学生安全、应对高考，便成了"自由体育课"；到大学后，学生压力减小，因个人喜好，体育课成为"兴趣体育课"。如今的体育课，大多是"不出汗、不受伤、不合作、无强度、无对抗"的体育课。

秦旸：当前我国体育课堂教学的突出问题首先是教学目标与教学效果的"不匹配"，这种不匹配突出体现在以下三方面。第一，通过体育课学生体质健康没有得到显著改善，比如"小胖墩"的现象；第二，学生没有熟练地掌握1~2项运动技能；第三，学生意志品质的培养停留在字面上，没有具体实施和评价的手段。其次是体育课教学设施条件和学生参与人数"不匹配"。当前对很多中小学而言，具备200米跑道的操场已是困难之事，在操场上同时组织开展4~5个班，每班40~50人的校园足球课，这是难以想象的。

李远宏：中小学体育课堂教学目前"说起来重要，做起来次要"，归根到底还是监管不到位。第一，体育教师队伍配备边缘化，一些学校体育教师根据其他学科需要，随意顶岗其他学科。第二，体育课教学内容模糊。由于体育学科性质外延广、资源多，学科教学内容相对广泛，这样可以根据地域特点和体育教师的特长充分发挥体育教学的灵活性，但是也导致体育教学的随意性。

姜秀：学校体育没有一套完整的图文并茂的教师备课用书；学校急缺专业体育教师，大专院校毕业的体育教师，很多都是只有文凭，没有专业知识，连最基本的喊口令都出现错误，甚至对哨子的使用都不会，更谈不上上好体育课。另外，学校体育器材配备极少，有些学校即使配备了器材，其质量也堪忧。

二、体育课堂运动负荷需要科学监测

《教育家》：在体育课上，科学地控制学生的运动量和运动强度，面临哪些难题？

李国华：一是用什么方法来监测运动量和运动强度，二是掌握相对合理的运动量和运动强度的标准。

运动量和运动强度主要通过观察法和测心率的方法来监测。运动中，如有轻度呼吸急促、感到有点心跳加速、周身微热、面色微红、津津小汗，这表明运动适量；如果有明显的心慌、气短、心口发热、头晕、大汗、疲惫不堪，表明运动超限；如果运动始终保持在"面不改色心不跳"的程度，那就说明锻炼不能达到增强体质和耐力的目的，还需要再加点量。运动后，如果学生的疲劳感能较快消除，尤其是运动后第二天早上学生身体舒适，不感觉疲劳，这就表明运动量是适当的。反之，运动后感到非常疲劳，恢复很慢，吃不下饭、睡不着觉、头痛恶心、心悸胸疼、盗汗，甚至出现血尿，这就表明运动量过大，要及时调整，避免伤害身体。

心率监测标准，国际上一般以"220－年龄"所得值为最大心率。对普通锻炼者来说，最高心率的60%~85%是合适有效的运动心率范围。要精准测量每个学生的心率是难以做到的，如人数多、学习项目的特点不同等因素，都会构成课中监测的困难。

龙克威：运动量也称运动负荷，影响其大小的主要因素是练习的强度和密度。

首先是难以把控运动负荷标准。各种专家的声音，让体育教师在设计体育课堂运动负荷时面临难题。但不管选择什么运动项目，在不影响课堂教学的情况下，教师都要尽可能提高学生的练习密度。如迎面接力跑，要尽可能多分组，让练习的学生数增加，等待的学生数减少。如篮球课原地运球，要尽可能让每一个孩子手中有球可以练习，而不是课堂上还在找球或给球打气。

其次是难以监测运动量。心率、密度都是难以测量的，特别是心率的监测。目前，绝大多数的体育课堂监测是缺失的，大多是凭体育教师主观感受判断运动强度。

三、要做有高度责任心的体育教师

《教育家》：改变体育课"放羊"现象，您认为关键是什么？

李国华： 改变体育课"放羊"现象的关键体现在如下几个方面。第一，国家教育行政部门建立切实可行的机制，对体育课程形式严格规范管理。例如：规定上课的形式、内容、目标。第二，增加体育教师数量与编制数量，合理分配体育教师的工作量。体育教师与学生比例严重失调，工作内容多且工作量大，无法专注于教学。教育部 2016 年底有关数据显示，我国现有中小学校体育教师 58.5 万人。专项师资与课程需要配备不合理，使部分工作量过大的体育教师易产生疲劳感，无法保证体育教师全心全意投入教学。比如：很多体育教师一周有 20 节体育课，还有课间操、运动会、体质达标测试、数据呈报、校内竞赛、运动队训练和校际比赛等任务，任务过重容易造成体育教师上"放羊课"。第三，完善制度建设、提升体育教师专业能力建设、加强对体育教师的人文关怀。体育教师没有过硬的专业技术和体育教师老龄化，导致驾驭课堂教育教学的能力不足。

龙克威： 校长重视是改变体育课"放羊"现象的关键。如果校长重视，就会有较优质的教学内容。学校至少会把关体育教师的教学计划和教案——不会允许体育教师从网上随意下载资料，不管符不符合国家课程标准和本校学生情况，就糊弄过去。

如果校长重视，就会有课堂监管。体育教师就会认真组织课堂教学。不至于体育教师只要没有触碰安全的底线，校长就不会去干预。

如果校长重视，学校就会帮助体育教师成长。语文、数学等"主科"教师成长快，得益于校长对他们的要求不是喊口号，而是系统、扎实地培养，大部分体育教师并没有这样的"待遇"。

如果校长重视，就会有体育课程的地位。体育课就不可能随意被其他学科教师占用。

姜秀： 提升体育教师专业素养是改变体育课"放羊"现象的关键。有高度责任心的教师，会认真对待每一节课。结合我自身教学经验而言，每节课我都力求让学生感到开心，学到本领、技能。学生满怀期待上体育课，我不能让学生失望——让他们大声学习喊口令，培养自信心，勇敢表达自己；让他们知道在高强度运动中，要学会坚持，让他们体验坚持后的成果与喜悦；让他们学会合作，懂得团队的重要性；让他们知道学习单个技能动作，可以创编组合动作，拓展他们的思维能力；让他们知道音乐可以运用到体育课上，队形图案的组合可以像美术课一样多样化等，丰富体育课的内涵。

四、体育不应该成为家庭教育的"盲点"

《教育家》：如何在体育课堂上关注到学生的个体差异和不同需求，确保每个学生都受益？

李国华：确保每个学生都受益，这是一个理想化的状态，实际上只能使尽量多的学生受益，才是比较现实、客观的。在体育课上，解决"吃不饱"和"吃不了"是确保每个学生都受益的关键所在。学生的身体机能不一样，有的是协调性好，有的是速度快，有的是力量大。个体差异是体育教师安排课程内容及运动密度、运动负荷的重要依据之一。如跳远课的分组练习，分不同距离画线，有短距离、中距离和远距离，满足不同的需求。

龙克威：在群体中找差异，在差异中找群体。

精准测量。要想解决学生的需求，首先要了解学生的情况。如看病问诊，首先要做各项检查，把"病症"了解清楚。目前最好的方式是按照《国家学生体质健康标准（2014年修订）》的要求进行测量。

精准分析。有了测量的数据后，就需要进行分析。大多数学校，测量完把数据上报至学生体质健康网就认为"完成任务"。这就如同去医院做了一大堆的检查，没有把检查结果交给医生，医生不知道病情，导致前面大量的工作都白做。对此，体育工作负责人应该将数据进行汇总，做到三个层次性。第一，整体性分析。将数据汇总后，设计整体性教学内容。整体分析，看学生哪一项身体素质最好、哪一项身体素质最弱。如果班级学生整体柔韧性素质较弱，就可以增加体育教学计划中柔韧性素质练习的比重。第二，群体性分析。将班级中身体素质较为接近的学生分成若干个小组。在课堂教学中，运用分组教学，设计好每组的"课课练"内容，做到各取其长、各补其短。第三，个体性分析。这是一件有难度的事情，但困难不意味着没有办法解决，毕竟国家体质健康测试项目不到 10 个。一种解决方法是缺什么补什么，如布置家庭作业，学生跳短绳成绩差，就让学生做练习跳短绳的家庭作业。另一种解决方法是用系统的方式解决，让每个学生都有自己的体质分析报告，这需要借助专业机构的力量完成。

精准干预。有了学生体质分析报告，不妨从三个维度去执行，从而培养学生的健康生活方式，提高学生体质健康水平。

第一，学校层面。分析报告中的数据应该是科学性的，应该运用到学校体育工作的方方面面，可以为体育大课间、体育赛事活动、课堂教学设计、体育家庭作业等服务。

第二，家庭层面。一是，缺少家庭的锻炼氛围。不少家庭把孩子的一切都交给学校，希望学校能帮家庭解决孩子的一切问题。二是，家长不了解孩子的体质情况，无从下手。多数情况，家长只能在期末看到孩子的体育成绩是优秀、良好、及格或不及格，而没有具体数据，家长不知道怎么有针对性、科学地陪孩子锻炼。学校若能提供学生的体质分析报告，家长就能带孩子有针对性、科学地参加锻炼。三是，家长观念的落后。这也是阻碍学生体质健康发展的重要原因。很多时候，家长唯文化论，把孩子的升学考试放在首位，认为体育差一点，可以以后补。殊不知，身体素质的发展有窗口期，过了黄金时段就事倍功半。

第三，社会层面。互联网时代，电子产品成为人们生活的必需品，学生沉浸于手机世界，缺少运动时间、缺少合适场地、缺少家长陪伴。要改变现状，首先，家长要走出家门积极锻炼，进而影响周边居民，营造社区锻炼的氛围；其次，期待政府增加投入，提供更多的公共体育场地，让每个社区、村落都有锻炼的环境；最后，国家提供政策支持，让更多的社会人士融入体育产业，建设更多专业的、有趣的运动场馆，改变居民生活方式，让他们从麻将馆走向运动馆，让学生从玩手机游戏的乐趣中走到运动场地挥洒汗水的乐趣之中。

学生体质健康水平大幅度的提升需要学校、家庭和社会的共同努力，观念的改变还有很长的一段路要走。

五、帮助学生在体育锻炼中享受乐趣、增强体质、健全人格、锤炼意志

《教育家》：在体育课程评价方面，如何更科学？

龙克威：习近平总书记在 2018 年全国教育大会上强调，要树立"健康第一"的教育理念，开齐开足体育课，帮助学生在体育锻炼中享受乐趣、增强体质、健全人格、锤炼意志。其实这也是体育课程的评价标准。

享受乐趣。各阶段毕业班学生的重点考核内容要有体育技能的考核。体育课堂教学要有难度，简单重复的体育课堂教学，是无法让学生享受到乐趣的。体育是一项体验性活动，"不会玩"就很难参与其中。只有熟练掌握 1 项体育运动技能，终身体育锻炼才能成为可能。《"健康中国 2030"规划纲要》明确要求，到 2030 年青少年要熟练掌握 1 项以上体育运动技能。

增强体质。除了熟练掌握一项体育运动技能外，还要重视学生体质健康。《国家学生体质健康标准（2014 年修订）》是目前最为科学和健全的评价标准。《"健康中国 2030"规划纲要》明确要求，到 2030 年国家学生体质健康标准达标优秀率要在 25% 以上。

健全人格、锤炼意志。其一，人格、意志在锻炼中体现。体育课程评价中应该体现学生的锻炼参与情况，确保每个学生都有机会参与到学校的体育锻炼活动中，如大课间操、运动会等活动。其二，人格、意志在规则中体现。规则意识应体现在学校各项体育活动中，如大课间操活动中学生对口令的执行程度、运动会中学生犯规后的判罚等。其三，人格在合作中体现。学校应该多举行各种体育赛事活动，确保每个学生有机会养成合作精神。如全员运动会不仅注重个人的素质展示，而且注重培养集体主义精神。其四，人格在榜样中体现。体育教师自身的行为习

惯和专业素养直接影响学生对体育的态度。学校应该通过课程评价约束体育教师的不良行为，让体育教师的形象更加阳光。学校体育课程不是为了培养多少体育运动健将，而是为了培养学生终身的健康生活方式。

（原文刊发于《教育家》2019 年第 41 期）

聚焦中小学体育教学中的热点问题

——《教育家》线上研讨活动

一、什么样的体育课是一堂好课？

能帮助学生在体育锻炼中享受乐趣、增强体质、健全人格、锤炼意志的课堂是好的体育课堂。怎样才能实现这"十六字"方针呢？"教会、勤练、常赛"是最好的落实途径。体育课堂要教会学生什么？怎样勤练？如何实现常赛？教会是要教学生健康知识、基本技能和专项技能。勤练是要学生每天在校内外各锻炼 1 小时，具体到课堂是运动密度不低于75%，达到中高强度运动，班级学生平均心率原则上处于 140~160 次 / 分。常赛是让学生真正熟练掌握运动技能，课堂内要有"小赛"，课堂外要有"正式赛"。

好课的条条框框已经非常清晰了，但这些条件综合在一起，似乎又不知道怎么上课了。在追求密度和强度的过程中，可能会影响"技能教学""赛事教学"；强调兴趣，可能又会影响教学中运动强度和难度的要求，似乎鱼与熊掌不可兼得。

作为一线的教学者，心中要有"一杆秤"，但不能纠结这杆"秤"。什么意思呢？这些可量化的指标和要求，是一堂好课的理想状态，但并不是每一堂课都要达到这种状态，理想状态应是一线教学者不断追求的目标。在众多的体育课堂教学中，体育教师不能因为一堂课没有达到75% 的运动密度，就自我否定；也不能因为学生练习太辛苦、没有笑容而否定了运动带来的乐趣。

在教学设计中，体育教师心中要有这些指标和要求。想一想，是否能改进练习方法，让学生的练习变得有趣；想一想，是否能通过改变分组增加学生的练习密度；想一想，是否能简化比赛规则，提高运动技能的运用。

二、体育课堂教学中普遍存在哪些教学问题？

体育课堂教学中普遍存在教学组织上的问题。经常听到体育教师说"请同学们站好""请同学们集合好""请同学练习好""请同学们创编好"。这样的话语，看似有要求，实则没要求。学生对"好"的标准理解不一，导致课堂教学组织的混乱。如，张三老师想让学生按四排原地站好，可学生就是不听，非得一群人围着老师站。张三老师要学生把球拍好，可学生把球拍得满场到处跑。于是张三老师陷入了困境：明明已经跟学生讲清楚了，为什么学生这么不听话？

什么是"好"是值得体育教师深思的一个问题。教师所说的"站好"，可能出现的情景有很多种，集合整队时、教师讲解示范时、观看多媒体教学时、个别指导时、学生分享时……各种各样的情况，都会影响对"站好"的理解。只有把"好"的要求讲清楚，才能更好地教学，也才能减少师生之间的误解。

三、您作为区体育教研员、长沙高新区中小学（幼儿园）体育与健康教育研究工作室主持人，您认为该如何促进体育教师的成长与发展？

1. 育人先育己

注重自己的体态和体技，抓教师的身体素质和专项技能。试想一下，我们在健身房选私教时，是选一个身材比自己还差的胖教练，还是选一名满身肌肉的教练。再试想一下，正在上一堂篮球课，可是这名教师篮球都拍不好，上篮也进不了球，部分篮球校队的学生觉得教师的篮球水平还不如自己。如果这名教师一上来就展示了优美的三步上篮动作，一定会赢得学生一片欢呼和掌声，激发学生学习的欲望。为此，我组织了区全员技能比武，比体育教师的基本技能和专项技能。

2. 提高课堂教学能力

主要在教学设计能力和上课组织能力上做文章。每次区教研活动，都会组织上教研课，让教师充当学生听课，让教师换位思考，体验学生视角，从而提高教师的教学设计能力和组织教学能力。

3. 体育教研能力

看和听都是知识输入的过程，不一定能将其转化为自己的知识，往往听了优质的讲座、看了优秀的课堂教学，只是一时受益，不能真正转化为自己的成果。体育教师要学会写反思、心得，写文章是知识加工和转化的过程，能起到事半功倍的效果，每天写50个字，日积月累就是成果。

第一辑 实践之基

体育走班制教学的行与思

体育走班制教学实践中的问题与解决路径

《"健康中国2030"规划纲要》提出，青少年要熟练掌握1项以上体育运动技能。体育走班制教学能有效促进这一目标的达成。体育走班制教学能让学生所选择的运动技能有明显的进步与发展，促进体育教师的专业化成长，是未来体育课堂教学改革的主要趋势。目前，北京、上海、长沙等地的部分学校正在进行试点改革。笔者以北京第二实验小学和长沙高新区虹桥小学体育教学改革为例，就体育走班制教学实施过程中遇到的问题，积极寻找解决办法，力争为其他进行体育走班制教学改革的学校提供些许参考。

一、体育走班制教学

体育走班制教学，即学校将同一个年级的体育课排在同一时间，上课时打破行政班级的限制，按学生的自选运动项目进行体育教学，是一种有选择性的专项化体育教学方式。进行体育走班制教学，有其深刻的体育课程教学改革内涵。它将彻底改变"学生上了九年体育课什么都没有学会"的局面，是一场上至课程设置、下至教学形式的根本性改革。它也是实现青少年熟练掌握1项以上运动技能目标所采取的必要举措，更是实现培养学生终身体育意识和能力的必由之路。

二、体育走班制教学在实践中遇到的问题

1. 改革发展问题

担心走班制教学改革是短期产物，不能坚持下去。

2. 教师成长问题

一是专业课问题。在实施走班制教学后，每名体育教师都要上规定项目的专业课，这涉及专业不对口的问题。如武术专业的教师可能要教

花样跳绳课，则教师需重新学习，且学生学到一定程度后，教师教学乏力。二是进修问题。教师有学习的需求，但进行走班制教学后，课堂难以调整，加之外出学习的机会本就较少，教师专业水平难以提升。

3. 学生学习问题

一是上课时间短，难以完成教学任务。准备时间 5 分钟，再除去准备活动、放松活动等的时间，一节课只有 20 多分钟的时间在学习。二是学校场地受限。实施走班制教学后，一个年级需要同时上课，导致运动场地人口密度过大，学生上课相互干扰，影响上课效率。三是学生兴趣有所下降。在改革初始阶段，学生选择了自己喜欢的专业，兴趣十分浓厚，但一段时间后教师上课遇到专业能力瓶颈，练习内容相对单一，学生上课兴趣有所下降。四是教学进度难以同步。同专业不同班级的学生专业水平有差异，同一班级内学生的专业水平也有差距，导致教学进度很难统一。

三、体育走班制教学的破局之道

（一）国家政策引领，消除改革方向顾虑

1. 国家政策的引领

《"健康中国 2030"规划纲要》提出，要让青少年熟练掌握 1 项以上体育运动技能。这是国家基于我国健康实际提出的整体目标，也是具体目标。而学校要想实现这一目标，体育走班制教学是很好的选择。

2. 专家团队的顶层设计，解决改革实施难题

以毛振明教授为首的全国学校体育联盟（教学改革）专家团队，对如何实现《"健康中国 2030"规划纲要》中的内容，已有系统和专业的思考，提出了体育走班制教学这一方案。目前，体育走班制教学已在部分学校进行试点。在以毛振明为首的专家团队的指导下，各试点学校正在有组织、有计划地开展相关工作。

3. 成功经验的借鉴，提振改革的信心

目前，长沙高新区虹桥小学等试点学校的体育走班制教学改革已实施了一段时间。实践证明，体育走班制教学使学生的运动技能得到了明显的进步，运动技能的教学不再是蜻蜓点水式的教学，而是学生基于自己的兴趣和特点选择专业进行系统性学习。同时，体育走班制教学也促进了体育教师的专业化成长。可以说，改革试点学校基本实现或正在实现《"健康中国 2030"规划纲要》中提出的让青少年熟练掌握 1 项以上体育运动技能的目标。

（二）立足学校实际情况

在准备开展走班制教学改革时，要考虑的因素很多，如学校运动场地大小、当地气候、学校体育特色情况、学生人数、教师人数、排课工作、选课工作等。要遵循不可变量因素优先原则，如学校运动场大小、气候、学生人数等是相对固定不变的因素，要优先考虑。而体育教师人数、排课、选课等是可以根据整体方案灵活调整的因素。事实上，不可变量因素是相对不变的。如因运动场地过小无法开展走班制教学改革，就要将不可变量因素转化为可变量因素，在房屋结构力学允许的条件下，可对学校屋顶、地下室、教室等场地进行改造。目前已有部分学校进行了这方面的改造，如宿迁市实验小学的屋顶运动场、北京第二实验小学的地下运动场等。总之，要根据学校不可变量因素和可变量因素综合考虑。

1. 优先考虑不可变量因素

首先要考虑学校场地情况。场地基本结构很难有大的变化。运动场地的大小决定了课程专业的设置方向和学生上课的人数。如长沙高新区虹桥小学有 7 人制标准足球场 1 个、室外排球场 2 个、室外篮球场 3 个、室内篮球场 1 个、舞蹈室 3 间以及 1200 平方米的风雨操场。根据场地情况，设置最大班级数为 14 个，能确保班与班之间不会互相干扰。

其次要考虑气候因素。如遇到雨雪、雾霾等不适宜开展户外体育活动的天气怎么办？只能是在室内上课。课程专业设置必须进一步缩小范

围。天气恶劣时，长沙高新区虹桥小学只有篮球馆、风雨操场和舞蹈室能使用，为避免场地使用的冲突，以及上课时相互干扰，同一场地只开设一个类别的专业。如篮球馆只设置了篮球专业，就不再开设同样要占用篮球馆的羽毛球专业，如果同时有羽毛球馆和篮球馆就不属于这种情况；舞蹈室设置了啦啦操专业，就不再设置跆拳道、体操等专业；风雨操场设置了足球专业就不再设置轮滑等专业。像长沙高新区虹桥小学开设了4个专业，但场地又不够怎么办？可将其中一个专业的学生安排到多媒体教室进行学习，学习的内容可以是专业视频教学、室内素质操等内容。以后再遇此类天气，则轮流安排一个专业的学生到多媒体教室上课。如果有4个以上专业怎么办？综合考虑，建议一个年级不要开设4个以上专业，规模大、场地足的学校除外。条件允许的情况下，各年级之间可以开设少量不同专业，学校特色项目专业每个年级都要开设，确保形成训练梯队。开设4个以上专业，学校的工作量和教师人数会呈指数级增长，人力、物力的不足会影响改革的初衷，甚至导致改革失败。若想丰富体育课程教学内容，可将其他体育专业课程列入学校社团、兴趣班等项目中，并在其他时间教学以丰富体育课程体系。

此外，还要考虑另一个重要的不可变量因素，即学生情况。一是考虑学生总人数情况。如，规模较大的北京第二实验小学，四年级学生人数接近600人；规模中等的长沙高新区虹桥小学，各年级学生人数在300人左右；规模较小的长沙高新区枫树小学，各年级学生人数在30人左右。人数不同，意味着要有不同的课程设置，不能用一套方案解决所有问题。对于规模较大的北京第二实验小学，可将四年级16个班分成两组进行走班制上课，分别命名为四年级1组和四年级2组。四年级1组为四年级1~8班，四年级2组为四年级9~16班。两组分别在不同时间上课，这样能确保场地的有效利用。对于规模中等的学校，一个年级的全部学生在同一时间进行走课。对于规模较小的学校，可以用年级合并的方式进行走班制上课，如长沙高新区枫树小学每个年级只有30名左右的学生，可将1~3年级的学生合并为一组、4~6年级的学生合并为一组进行走班制上课。二是要充分考虑男女生比例情况。设置专业、专业班数量时，要根据学校已有体育特色、教师专业等情况综合考虑男女生在专业上的不同需求。改革前，长沙高新区虹桥小学已有足球、篮球、羽毛球、跳绳、跆拳道、健美操、啦啦操等社团。综合考量后，学校选择了足球、篮球、健美操和花样跳绳4个专业作为走班制教学专业。选择足球项目是因为该校是全国首批青少年足球特色学校，足球进校园时间较长，有较好的基础。选择篮球项目是因为该校有4名篮球专业教师，且校内篮球场地较多，还有篮球社团和篮球校队。选择健美操是因为该校是全国健美操实验学校，与该专业相关的教师有4人，学校有健美操社团和健美操校队。选择花样跳绳项目，主要是基于男女生比例、场地因素等方面的考虑。花样跳绳对场地的要求不高，最重要的是能解决男女生专业选择比例的问题。

关于体育改革的顶层设计，需要综合考虑学校各方面的情况。单天气因素，就需要设计三套以上解决方案：一是天气较好时的正常教学方案；二是天气较差时的专业班轮岗教学方案；三是天气恶劣时的集体教学方案，即体育教师在同一节课把同一个年级的学生集中到同一地点（室内篮球馆）从事内容相似或相同的教学组织形式。学校一般都有队列队形、体质健康测试、广播体操、素质操等教学任务，可利用这一时间段进行体育集体教学。

2. 课程编制整体性原则

（1）全面体育改革模式

全面体育改革模式是指在学校的组织下，全校学生参与体育走班制教学。在编排上，要将各年级看成一个整体，这个整体相当于一个大班，如小学有六个年级，就有六个大班，编排课表时，要做到各大班之间没有冲突。一般情况下，对于初次改革的学校，要确保每个年级选择专业是相同的，这样能减少大量人力和资金。

（2）部分体育改革模式

部分体育改革模式是指在学校的组织下，部分年级参与体育走班制教学。如北京第二实验小学选择了三、四年级为改革年级。三、四年级有 28 个教学班。在课表设计时，应做到各年级之间不出现相互影响的情况，这意味着其他年级也同走班制年级一样，做到同一个年级同时上课。

3. 打通成长通道，促发展

（1）设计大小选课

在走班制选课中，每个专业有多个班级，如篮球 1 班、篮球 2 班、游泳 1 班、游泳 2 班，等等。体育走班制选课，也有大小之别。体育走班制大选课是指学生根据自己的特长和兴趣等因素选择学校已设定的专业。大选课不能选择具体专业班级。体育走班制小选课是指教师将运动能力和专业水平接近的各专业学生编排到相应专业班级。教师不选专业，只根据测试结果将专业水平接近的学生编制到同一班级。这样的设计编排，有利于教师对学生的整体把握，做到精准教学，也打通了班级之间的上下通道，进步快、成长明显的学生，在期末的专业测试中，有机会进入专业性更强的专业班。这样的方式，不需要各班的教学进度保持一致，而是根据学生的差异进行精准教学。

（2）配套专业赛事

当体育走班制教学进入正轨后，学生的学习和教师的教学会出现倦怠期和瓶颈期。起初，学生因选择了自己喜欢的专业，表现出兴趣高、学习认真、积极参与的状态；教师因教授自己擅长的专业，教学得心应手，上课时激情澎湃。到了一个学期的中后期，学生兴趣开始有所下降，相对于过去多元的学习，较为单一的专业技能学习缺乏新鲜感；教师的教学也开始遇到瓶颈，教师能较容易地教授学生基础知识和基本技能，但随着学生的专业技能不断增长，大部分学生已有一定基本功，但无法再往下一阶段晋级，一些体育教师缺乏系统培养学生专项技能的能力，导致陷入瓶颈期。

除了让体育教师提高自身专业教育教学能力外，学校还要开展配套的赛事，让学生有展示的平台。判断一个人是否学会一项技能，关键要看他会不会玩、会不会比赛。在学校里，大部分的体育赛事，只有极少数学生参加，绝大部分学生无法参与进来。

各专业项目要设置配套的赛事，供学生参与。篮球专业要有篮球赛，花样跳绳专业要有级别测试赛，健美操专业要有健美操等级赛，等等。各种赛事要体现全员性和经常性原则。全员性是指学习该专业的学生要能全员参与到比赛中。经常性是指体育比赛要每个月每学期定时开展，不是一年才一两场比赛。因走班制教学是同一时间上课，所以可将比赛时间安排在体育课堂内，这样既能保证赛事的有序开展，又不会占用其他时间。

（3）发挥平台作用，让精准提升成为可能

体质健康测试标准、专业水平评价标准、学生的比赛成绩等要有相应的平台及时让学生知晓。学校可以利用宣传栏、电子班牌、网站、公众号等宣传工具让全校师生及家长知晓。对于测试标准、比赛成绩，学生知晓，才能有效准确提升自我；教师知晓，才能形成阳光体育氛围；家长知晓，才能形成家校教育合力。

（三）提升素养，树立规则意识，注重立德树人

1. 主动学习，借助外力，快速实现自我成长

教师出现专业成长瓶颈，这充分说明教师在成长、在改变。如果还用传统的模式教学，教师是很难感受到专业成长瓶颈的。遇到瓶颈，就需要体育教师主动学习。学习要讲究效率，体育教师要学会借助外部专业团队的力量，实现高效学习。如足球课上，需要用到足球教材和教案，只依靠学校几个体育教师自编校本教材，既费时费力又不专业。教师的主要任务在于教育教学，让学生学会体育技能是体育教师的首要工作，教材编写可交给高校专家团队。如，北京师范大学校园足球发展研究中心就出版了小学阶段的足球教材，该教材可直接用于课堂教育教学。借助专家团队的力量，让体育教师专心于教学，且能快速提升自我。

2. 树立规则意识，帮助学生在体育锻炼中健全人格、锤炼意志

体育游戏、体育比赛的规则比游戏、比赛本身更有教育意义。树立规则意识，有助于健全学生人格，学生也能更好地适应社会。树立规则意识，有助于锤炼学生意志，只有通过自己的努力才能赢得比赛，而不是通过投机、破坏规则等行为获取胜利。

3. 注重立德树人，开拓健康中国的未来

体育教师，其根本是教师。体育是其属性，教师才是其本质特征。能在体育教学中发挥立德树人的作用，是成为一名优秀体育教师的核心素养。体育教师不是要把学生个个都培养成体育人才，而是要把学生培养成为懂得体育、理解体育、会玩体育的合格公民。只有这样，才能实现《"健康中国 2030"规划纲要》提出的目标，建成真正的体育强国。

体育走班制教学之路径探索

传统的体育课堂教学是一项体育技能每学年教 4 课时左右，这样的教学方式导致学生上了多年的体育课却什么也没学会。实践表明，一项体育技能需要长期、系统、专业的学习。近些年全国部分学校开展了体育课堂教学改革工作，如对体育技能的学习，采取 12 课时以上的大单元教学模式，此模式虽有一定效果，但并未从根本上解决体育技能学习的问题。笔者及课题组经过研究和实践，找到了一条解决此问题的实施途径，即体育走班制教学，这是一种有选择性的专项化体育教学模式。

一、体育走班制教学的背景

1. 问题背景

中共中央、国务院印发《"健康中国 2030"规划纲要》，提出到 2030 年基本实现青少年熟练掌握一项以上体育运动技能的目标。传统的体育课堂教学，足球、篮球、排球、乒乓球、羽毛球、跳绳等各种体育内容每学年都教 4 学时左右，这是一种蜻蜓点水式的教学。小学教蹲踞式起跑，到了大学仍教蹲踞式起跑，这是一种低级重复的教学。体育走班制教学就是为解决这一问题而产生的教学模式。

2. 经验背景

体育走班制教学改革是从大学的"三自主"体育教学和高中"体育模块化教学"改革经验中提炼出来的课堂教学模式。大学"三自主"体育教学是较为成熟的有选择性的专项化体育教学模式，"三自主"即学生自选教师、自选内容、自选上课时间。学生喜欢篮球则可选择篮球专业，喜欢哪名教师的篮球课则可选择该教师的篮球课，想在大二阶段学习篮球则可选择在大二进行篮球课程学习。高中阶段推进"体育模块化教学"，高中体育新课标明确提出年级内模块选修教学的概念。高中阶段的年级内选修课是体育教学的重要内容,也是体育走班制教学借鉴的重要内容。体育走班制教学是学校将同一个年级的体育课排在同一时间,上课时打破行政班级,按学生的自选运动项目进行体育教学,是一种长期的有选择性的专项化体育教学。

二、新时代学校体育的变化

1. 体育课量不断增加

小学体育课量由一周 3 节调整为 4 节,有的地区增加至 5 节。"主课"挤占体育课、学校活动占用体育课、偷换概念的假课等现象越来越少,体育课堂教学时间有了保障。

2. 教师队伍更加专业

以前的体育教师以兼职为主,体育课堂教学基本以跑步、游戏等简单教学内容为主,体育教师基本没有一技之长,只能简单教学。如今,体育教师基本是各大体育院校的毕业生,能专项化地教授体育技能。

3. 教学资源极大丰富

现代化学校建设越来越完善,各种教学资源在互联网传播,体育教学资源不再低效、简单、枯燥,教师的教学手段更加多元,学生学习的内容也更加系统和专业。

4. 体育观念加速更新

科学研究表明,体育不仅能促进人的身心健康成长,还有助于人的智力发展。随着我国公民体育观念的改变,学校体育工作越来越受重视,学校体育教学更新换代,逐渐满足学生的发展需求。

三、体育走班制教学的实施

1. 抓住核心,设计课程

（1）一、二年级普修课

此阶段学生按传统体育课模式上课,排课时将同一个年级的体育课排在同一时间段，但不进行专业走班制上课。此阶段学生集体锻炼身体，集体学习体育通识内容，集体学习各专业内容，为下一阶段选课学习做准备。

（2）三至九年级选修课

理论上，学生从三年级开始选课并直至九年级结束。学生在一、二年级进行了各专业的通识学习，基本确定了自己感兴趣的、适合的体育项目。原则上，学生选择了专业后，小学从三年级到六年级不再改变专业；如果初中仍有此专业则可以继续学习三年，这项专业技能将成为学生的一技之长。如学生学习一段时间后，不想学习该专业，允许在三年级第二个学期开学初更改一次。

2.摸清家底，设置专业

体育走班制教学改革的专业数量建议设置 3~5 个，专业设置过少，学生没有合适的专业可以选择；专业设置过多，对体育师资和体育场地的要求相应增加，改革成本过高，难以持续开展。因此，设置专业应优先考虑学校场地条件和学校师资情况。体育特色、体育器材、学生专业等情况在改革过程中相对容易优化。

（1）学校场地条件

要根据学校的场地进行合理配置，有场地才能保障体育教师上好课。坚持一个场地只设置一个专业的原则。学校只有一个室内运动场地，建议只安排一个项目在此上课。如学校设置了篮球项目，不建议再设置像羽毛球这类需要在室内进行练习的项目，因为遇到雨天，室内场地项目的练习会相互干扰，影响教学效果。有较大户外场地的学校可以设置开放性的体育项目，如篮球、足球、排球、飞盘、旱地曲棍球、独轮车等；有较大室内场地的学校可以设置封闭型的体育项目，如羽毛球、乒乓球、气排球、健美操、武术等。

（2）学校师资情况

要根据体育教师专业进行合理设置。场地只是一个方向性的选择，教师才是设置专业的关键因素，有什么样的专业教师就开设什么样的体育项目。学校有篮球专业的教师可以设置篮球专业，有足球专业的教师可以设置足球专业。设置专业时，不是每一名教师都能对应唯一合适的专业，存在一个专业多名教师、教师专业不匹配、专业教师人数不均衡等情况。解决办法是坚持多数服从少数的原则，尽可能地匹配教师们的专长。如某小学每个年级有 4 个教学班，有 6 名体育教师，其中篮球教师 2 名、足球教师 1 名、健美操教师 2 名、田径教师 1 名，可以设置篮球、足球、健美操 3 个专业，让田径教师选择一门感兴趣的、适合的专业进行学习；也可以设置篮球、足球、健美操、趣味田径（或新型体育项目花样跳绳、轮滑等后期易学可发展的项目）4 个专业。

总之，专业设置要优先考虑学校场地条件和师资情况，其次考虑学校的办学理念、特色发展等情况，在今后的改革过程中，有方向地优化场地、师资队伍等办学条件。

3. 全校排课，优先体育

（1）体育总课表

全校各科目排课时，优先进行体育课排课，将同一个年级的体育课看作一个整体进行排课。

（2）体育分工分课

排好体育总课表后，要进行体育课程任务分工。体育走班制教学排课不同于传统体育教学排课，体育教师人数应等于或大于年级班额数。如果一个年级有 4 个班，各年级的排课都是独立时间段，那么至少需要 4 名体育教师同时上课。再根据总课表及分工要求，制定体育教师个人课表。最后将体育教师个人课表纳入学校总课表，即完成体育排课工作。

四、体育走班制教学改革成效

1. 教学时间有了保障

进行体育走班制教学后，体育课不容易被其他课占用，各行政班的学生分布在不同的专业班，其他教师想占用体育课，需跟整个年级的所有体育教师进行调课，导致"霸占体育课"的成本过高，其他教师不得不放弃占用体育课。学生有更多的时间在体育课上进行锻炼和技能学习。

2. 学生能真正学会体育技能

体育教师能教自己擅长的专业，学生能学到专业的体育技能知识，学生接受的不再是蜻蜓点水式的学习，而是系统、长期、专业的体育技能学习。

3. 学生兴趣得到照顾

学生可以选择自己喜欢的、适合的专业进行学习，不再"吃大锅饭"，不管喜不喜欢、适不适合都要学、都要练，解决了学生"喜欢体育不喜欢体育课"的问题。

4. 教师业务不断进步

随着专业教学的深入，教师能够主动或被动地提升自己的专业技能水平。如健美操专业的教师可以花更多的时间钻研健美操，业务上更加聚焦，不再是什么都要教，什么都教不好。

5. 健康生活成为可能

学会体育技能后，学生的业余生活多了一种选择。住在同一个社区的篮球班学生，周末可以约在一起打篮球。这种集体式学习，让学生更多地参与到体育锻炼中，并养成良好的健康生活方式。

通过多年的实践和研究，笔者及课题组基本理清了改革的思路和方向，并且取得了一系列科研成果。希望通过我们的思考和实践，帮助到有需求的学校。体育走班制教学改革仍是一个新事物，是一个发展中的事物，需要教育工作者共同努力，进一步改进和优化，为我国体育教育事业发展做出贡献。

体育走班制教学改革的行动与成果

2020 年 10 月，中共中央办公厅、国务院办公厅印发了《关于全面加强和改进新时代学校体育工作的意见》（以下简称《意见》）。体育工作越来越受到学校的重视，但是仍然存在着学生对体育的兴趣不高、学生体质情况不理想、学生没有很好地掌握运动技能等现象。为了解决这些难题，笔者及课题组进行了体育走班制教学改革的研究与实践，现将改革的实践经验与相关成果整理成文，以供参考。

一、体育走班制教学解决了学生技能学习的问题

《意见》要求，到 2022 年，各学校要开齐开足体育课、配齐配足体育师资，确保体育工作的有序进行。充足的体育课时、齐全的师资，为学生选择专项化的学习提供了保障。体育走班制教学便是能很好地实现这一目标的途径之一。

1. 蜻蜓点水式教学，让技能无法教会

传统体育课教学内容种类多、项目繁。走、跑、跳、投、足球、篮球、排球、乒乓球、羽毛球、跳绳等内容，每学年都学习 4 课时左右。如，篮球技能学习，每学年都要学习 4 课时左右。学生学完 4 课时的篮球运球技能后，还没掌握到运球的门道，就换到了下一个技能的学习。这样的教学方式，让体育教师的教学内容只能"蜻蜓点水"。体育教师也表示无奈，如果不这样上课，教学任务就难以完成。体育走班制教学是一种有侧重的专项化教学模式，通过在一个学段内 2~4 年的不间断学习，体育教师可以用 50% 左右的课时教自己擅长的专业，让技能学习不再是蜻蜓点水式的学习。

2. 低级重复式教学，让学生技能学习不够系统

传统的体育教学模式是一个体育教师教同一个年级的多个班级，体

育教师只需要做好本年级的教学工作就行，基本不会考虑各年级、各层次之间技能学习的关系。加之蜻蜓点水式的教学方式，导致一年级学了前滚翻技能，到了初中还在学前滚翻技能，教学变成一种低级重复的低效教学。体育走班制教学是一种系统的教学模式，体育教师每个年级都要教，每个年级、每个层次的学生情况都要考虑，是根据学生基础和掌握技能的情况进行适性教学，真正做到让每一名学生熟练掌握一项运动技能。

二、体育走班制教学解决了学生学习兴趣的问题

1. 浅层次的课堂教学，让学生看不到体育的魅力

体育教师并非所有项目都能教，绝大多数体育教师能教好基本技能，像足球、篮球、排球之类的专项技能并不是人人都能教好。体育教师的专业技能学习情况，取决于其在大学阶段学习的课程，不同的大学课程开设并不相同，不是每一个专项技能都会开设。大量的浅层次教学，让学生触碰不到学习体育学科的魅力。体育走班制教学是一种专项化的教学模式，教师教自己所擅长的专业，让学生系统地学习一项体育运动技能，解决了体育运动技能教不深、教不好的问题。

2. 机械式的课堂教学，让学生没有选择的机会

传统的体育课，不管学生喜不喜欢、适不适合，什么都要学。有喜欢踢足球、打篮球的学生，也有喜欢跳健美操、打羽毛球的学生。学生对想学习的运动项目，不能深入学习，只能被动接受教师安排的教学内容。体育走班制教学是一种有选择性的教学模式，学生可以根据自己的兴趣选择自己喜欢的运动技能进行学习，是一种主动的学习。

3. 练多赛少的课堂教学，让学生没有展示的舞台

《意见》要求，体育课要做到教会、勤练、常赛。传统的体育课堂教学难以做到常赛，课堂上学生以学和练为主。课堂内的体育比赛，至少需要两名教师进行组织，一名教师负责裁判工作，另一名教师负责登

记成绩和管理没有参赛的学生。在师资力量不充足的条件下，难以实现常赛。班与班之间组织比赛，需要满足两个条件：一是参赛学生应是同一个年级的班级，二是同一个年级的班级要在同一时间段上课。前者容易满足，但后者难以实现。传统的体育课，同一个年级的班级一般排在不同时间上课。缺乏比赛的课堂教学，学生少了锻炼和展示的舞台。此外，长期、重复的技术动作练习，让体育课变得枯燥无味。体育走班制教学是一种经常比赛的教学模式。它要求同一个年级的班级安排在同一时间段上课，并将比赛列入教学计划中，班级之间进行体育比赛是一种常态，做到周周有比赛、人人能参与。

三、体育走班制教学解决了体育人才培养体系的问题

1. 100%的学生掌握一项运动技能

体育走班制教学改革 2~3 年后，全校学生基本能做到 100% 熟练掌握一项运动技能。同一个年级的体育课排在同一时间段，每周每班可用一节体育课进行比赛。笔者所在的学校各年级都有 6 个班级，每周各年级在这节比赛课上都能进行 3 场班级比赛，一学年能进行 500 场左右的班级比赛，使体育真正成为教会、勤练、常赛的全员体育。学生有一项熟练的运动技能，在未来的生活中，可以科学、有效地参与锻炼和社交，让终身体育成为可能。

2. 25%的学生成为为校争光的体育中坚力量

传统教学模式下，篮球、足球等校队难以成体系组建，能选拔入校队的人选少之又少，各水平的梯队断层严重，学校成绩难以保障。要形成"一校一品"特色学校，需举全校之力聚焦在一个项目上。进行体育走班制教学后，校队人员选拔基数大，且各项目上选人不会发生冲突。如笔者所在的长沙高新区虹桥小学，足球、篮球、健美操、花样跳绳四个项目各有 400 名左右的学生在学习。长沙高新区虹桥小学有 20 多支体育校队，校队人数占全校学生总数的 27%，其中校足球队 7 支，校篮球队 5 支，校健美操队 3 支，校花样跳绳队 2 支，校羽毛球队 2 支，

校舞蹈队 2 支。校足球队、校篮球队、校羽毛球队近两年在区赛中，多个组别获得冠军。校花样跳绳队、校健美操队、校舞蹈队在省、市比赛中多次获得第一名。体育走班制教学，为学校提供了源源不断的体育中坚力量。

3.5% 的学生成为走职业路线的体育精英人才

体育走班制教学改革后，学校有四分之一的体育中坚力量，他们在大量的区赛、市赛、省赛中锻炼，形成良性循环，其中一部分优秀的体育人才会成为区、市里的体育精英人才，成为国家体育人才，走上职业化的路线。笔者所在学校的一小部分校队队员，近两年因在区级及以上比赛中表现突出，被多所名校录取。当前，国家正在进行体教融合改革，促进体育人才的系统培养，而体育走班制教学改革正是体教融合的重要一环。

体育走班制教学改革 30 问

基于对体育走班制教学的多年思考和实践，北京师范大学教授毛振明建议笔者写下《体育走班制教学改革 30 问》。一是梳理体育走班制教学的经验，让专业知识更加完善和系统；二是解决体育走班制教学中遇到的真问题，让改革的学校少走弯路。这才有了《体育走班制教学改革 30 问》一文。30 问分为基础篇、专业篇、环境篇、课程设置篇和教育教学篇。希望笔者的分享能为大家提供一定的借鉴，也欢迎进行改革的学校一起提出问题或回答问题。

一、基础篇

1. 什么是体育走班制教学？

体育走班制教学，即学校将同一个年级的体育课排在同一时间段，上课时打破行政班级限制，按学生的自选运动项目进行体育教学的形式，是一种有选择性的专项化体育教学。

2. 为什么要进行体育走班制教学？

进行体育走班制教学，有着深刻的体育课程教学改革内涵。它是为了彻底改变"学生上了九年体育课什么都没有学会"这一不良现象而进行的上至课程设置、下至教学形式的根本性改革。它也是为了实现《"健康中国 2030"规划纲要》提出的"青少年熟练掌握 1 项以上体育运动技能"这一目标任务的必要举措，更是实现培养学生终身体育意识和能力的必由之路。

3. 进行体育走班制教学最重要的因素是什么？

校长重视。所谓重视，不是喊口号式的重视，要有遇到问题就解决问题的改革决心。学校的一项重大改革，不是某一个人的事，也不是某一个人能完成的事，体育组长能力再强，也只能管理好本组的成员，做好本组的工作。一项重大教学改革，需要牵动学校的方方面面，需要教务部门协助排课，需要德育部门协助宣传，需要后勤部门协助解决场地、设施等问题，这些工作都需要在校长的推动下，协同各部门人员组织实施。只有校长重视，改革才能有效进行，并将问题逐一解决。

4. 体育走班制教学的好处在哪里？

第一，教学时间有保障。实施体育走班制教学后，体育课难以被占用，因为不再是以行政班为单位上课，一个行政班的学生分布在不同的专业班里，其他学科教师难以挤占课堂。第二，能真正学会技能。专业有保障，专业的人做专业的事；时间有保障，用一半以上的课时学技能，学生不再是蜻蜓点水式的技能学习。第三，能照顾到兴趣。学生可以选择自己喜欢的、适合的专业进行学习，不再"吃大锅饭"，不管喜不喜欢、适不适合都要学、都要练。第四，促进体育教师成长。随着专业教学的深入，教师要主动或被动地提升自己的专业技能。如，学健美操的教师可以花更多的时间钻研本专业，业务能力将更强。第五，促进健康生活方式的形成。如，张三下班后约李四打羽毛球，李四说没时间，其实李四不是没时间，而是李四根本不会打羽毛球，这就降低了健康生活方式形成的可能性。运动技能的掌握能促进健康生活方式的形成。

5. 进行体育走班制教学改革后，如何落实国家课程标准？

体育与健康课程标准总体目标是，通过课程的学习，学生能掌握与运用体能和运动技能，提高运动能力；学会运用健康与安全的知识和技能，形成健康的生活方式；积极参与体育活动，养成良好的体育品德。课程内容包括基本运动技能、体能、健康教育、专项运动技能、跨学科主题学习。

体育走班制教学完全符合国家课程标准的要求，而且能更好地完成课程目标。体育走班制教学让体育课落实得更加到位，减少了挤课、调课、假课的现象，学生参与度更高。学生自主选择了感兴趣、适合的体育项目进行学习，能感受到更多的乐趣，也有了更多的成功体验。体育走班制教学能帮助学生真正掌握 1~2 项运动技能。体育走班制教学既有专业班的特点，方便组织专业比赛，使学生的合作和竞争意识更强，又兼具小行政班的特点，每个专业班的学生来自不同的行政班，他们可以代表原来的行政班在专业班里进行比赛，进一步增强了合作与竞争意识，让学生更好地适应社会环境。

6. 体育走班制教学与体育中考、高考项目相冲突吗？

体育走班制教学完全符合中考和高考的需求。中考有足球、篮球、排球三大球的选择性考试项目，有条件的学校可直接设置这三大专业供学生学习。未设置这三个项目的学校，也可以在教学计划中增加考试项目学习的课时。运动技能学习的底层逻辑是，在中小学阶段熟练掌握了 1 项运动技能后，运动迁移使学生能更快、更好地学习中考、高考的运动技能项目。

7. 小学、初中、高中各阶段走班制教学如何进行专业衔接？

此问题，可参见《成都体育学院学报》2019 年第 2 期、第 4 期的文章《论体育课程在大中小学的断裂与衔接（上）》《论体育课程在大中小学的断裂与衔接（下）》。

二、专业篇

8. 体育走班制教学改革专业如何设置？

一般情况下，笔者建议体育走班制教学改革设置 3~5 个专业。专业设置太少，学生没有合适的专业可选择；专业设置太多，改革成本过高，难以持续开展。那么如何设置专业呢？要优先考虑两方面因素——学校场地条件和师资情况。

首先，学校场地条件。要根据学校的场地进行合理配置。常言道，巧妇难为无米之炊。有场地才能保障体育教师上好课。坚持一个场地只设置一个专业的原则。如学校只有一片室内运动场地，就只安排一个项目在此上课。学校设置了篮球项目，就不建议再设置像羽毛球等需要在室内进行练习的项目，否则遇到雨天，室内场地的使用就会产生冲突，影响教学效果。坚持有什么样的场地就开设什么样的专业的原则。有较大户外场地的学校可以设置开放性的体育项目，如篮球、足球、排球、飞盘、旱地曲棍球、独轮车等；有室内场地的学校可以设置封闭型的体育项目，如羽毛球、乒乓球、气排球、健美操、武术等。

其次，学校师资情况。要根据体育教师的专业进行设置。场地只是一个方向性的选择，教师才是设置专业的关键因素，有什么样的专业教师才能开设什么样的项目。篮球专业教师教篮球，足球专业教师教足球，这样的设置会让改革事半功倍。但并不是每一名教师都能找到合适的专业，有一个专业多名教师教的情况，有专业不匹配学校场地的情况，还有专业教师人数不均衡的情况。面对这么多情况，需要坚持一个原则，即多数服从少数，尽可能地匹配教师的专长。总之，专业设置要优先考虑学校场地条件和师资情况两个因素，其次考虑学校的办学理念、特色发展等情况。学校在今后的发展过程中，可综合考虑，带有方向性地优化场地和师资队伍。

9. 现在学校基本以发展足球和篮球为主，专业选择中，女生选不到喜欢的专业怎么办？

首先，填志愿。在体育走班制教学改革实施前，要考虑各专业的特点，设计好专业项目。预先设计，要事先进行选课摸底，根据学生的选择，设置专业班。其次，做宣传。做好专业的宣传工作，改变专业中的性别观念。选专业前，做好学生的思想动员工作，大力宣传女篮、女足等女子项目体育文化，通过介绍其专业特性，改变学生的固有观念。

10. 走班制教学改革后，经过一段时间的学习，学生发现自己不喜欢所学专业了，怎么办？

设置条件，在班额未满的情况下，可以更换一次；在班额已满的情况下，需要两个不同专业班的学生同时有需求才能更换。总的目标是，尽最大可能满足学生的兴趣，但需要在所设置的条件内。未设置条件，只要学生不喜欢就可以换，则会产生"破窗"效应，整个学期都在调整学生的专业。

11. 体育走班制教学，学生该如何选专业？

第一，兴趣。兴趣是最好的老师。让学生自主选择自己喜欢的2~3个专业，把最感兴趣的专业设置成第一志愿，这样的设置能最大限度地保障学生学到自己感兴趣的专业。第二，合适。除了兴趣，还要考虑所学专业适不适合自己，如同高考填报志愿，不能只考虑兴趣的问题，还要考虑能不能被录取的问题。例如，有没有一定的基础，身体条件合不合适。

三、环境篇

12. 体育场地不够怎么办？

首先，提前设置项目。在体育走班制课程设计时，要提前考虑学校体育场地情况，设置适合学校场地的项目。可以设置像武术、花样跳绳等对场地要求不高的项目，要充分利用学校已有的场地资源进行上课。

其次，优化课程项目。根据学校办学要求和师资力量，已经开展了一些场地不够使用的项目，那么学校可以对项目进行优化，创新项目规则、优化器材、缩小场地等，使其适应当前场地。如一个标准篮球场改成2~3个小篮球场、标准篮球架改为小篮球架、大篮球改为小篮球、篮球5人制改为3人制等。

13. 体育教师不够怎么办？

先从内部解决。一是转岗体育相关专业的教师。借助其他学科有专长的教师，如音乐教师中一般会有形体、舞蹈类专业的教师，可以转为体育走班制教学中的舞蹈、健美操教师。二是培养有体育特长的其他学科教师，如数学组中有会打篮球的教师，可通过自学、培训等方式培养一部分专兼职体育教师。

再从外部引入。一种方式是通过教师招聘，有方向性地招聘体育教师。另一种方式是从已合作的机构中引入体育教师。有部分学校的足球、篮球等学校特色项目是通过购买服务的形式引入学校的。这些教练员中有一部分是有教师资格证的，学校可以通过考察、培养等方式，引进一批有资质、有水平的教练员进行课堂教学，以解决师资不足的问题。

14. 遇到恶劣天气等情况，怎么上课？

室内运动场地充足：场地充足的情况下，合理分配场地就行。场地安排的要求要明晰，遇雨天，各班都要知晓各班上课的地点，这样大家才能形成共识；需要调换场地时，应事先与原场地的班级教师协商，提高上课效率。

室内运动场地不充足：多数学校属于这种情况。遇到雨天时，部分班级可以在室内运动场地上课，部分班级在教室上课。一种方式是轮流利用室内运动场地上课。另一种方式是合班上课，选择不需要占用大面积场地的教学内容，如队列队形、国编操等。

没有室内运动场地：没有室内运动场地的学校，要充分设计好在教室和走廊的教学内容，体育健康知识和室内操是很好的选择。

15. 体育走班制教学改革后，体育教师都在同一时间段上课，遇到教师有事需要请假怎么办？

少数体育教师请假：体育师资充足的情况下，需请假的教师可直接与没课的教师调课；体育师资不足的情况下，可以合班上课，再安排一名非体育专业教师进行协助，确保课堂教学效果。

多数体育教师需要请假：当遇到一半以上体育教师需外出工作时，可以由剩下的体育教师在多功能报告厅上室内课。一个学期备 4 次左右体育健康知识课，每次安排 1 名在校体育教师讲解，其他在校体育教师辅助教学。遇体育教研活动、体育组集体外出培训等情况时，可回归行政班，然后学校再调课。解决的办法很多，关键是要提前做好调课工作。

16. 遇到班级篮球赛、足球赛、学校大型活动等情况，如何处理？

做好体育工作计划。在进行体育班级赛事时，体育走班回归行政班级上课。将体育班级赛事纳入课堂教学中，是体育走班制教学的一大优势，有比赛的班级进行班级比赛，没有比赛的班级进行体育常规、身体素质、体育游戏等内容的学习。遇学校大型活动时，同样回归至行政班级上课，一般在开学第一周和期末最后一周不采取走班制上课，按行政班级上课，便于学校的各项工作有序推进。

四、课程设置篇

17. 体育走班制教学如何排课？

先排总课表。全校各科目排课时，要优先排体育课。体育科目排课时，将同一个年级的体育课看作一个整体进行排课。

排好总课表后，再进行体育课程任务分工。体育走班制教学排课不同于传统体育教学排课，体育教师人数应等于或大于年级班额数。所以，排总课表时，还要考虑体育教师人数的因素。

最后根据总课表及课程任务分工要求，制定体育教师个人课表。

18. 规模小、没有专职体育教师的学校也能进行体育走班制教学改革吗？

对于一个年级只有一个教学班的学校，也是可以进行体育走班制教学的，可以按照水平段合班上课。如，三、四年级是水平二，可以将水平二看成一个整体进行排课、选课，可设置篮球和健美操两个运动项目供学生选择。没有专职体育教师的学校，原则上不建议进行体育走班制教学改革。学校有体育才艺的相关教师，如踢毽子、打陀螺、抖空竹等传统体育项目，可以尝试进行体育走班制教学改革。

19. 大规模（一个年级超过 10 个班）的学校，怎样设置课程？

首先，拆分班级。对于规模小的学校是合班，对于规模大的学校则是拆班。如一个年级有 10 个班，可以将 1~5 班组合为一组，6~10 班组合为另一组进行排课。体育教师和场地富足的情况下，可以将一个年级看成一个整体进行排课。根据学生的兴趣，每个专业设置 2~3 个班级。这样有利于分层教学。

其次，专业设置要有延续性。如果各个年级之间的专业都不相同，难以形成学校体育文化和体育竞技氛围。各个年级的专业设置要相同，专业班的数量可以不同。

20. 各年级班额数都不同的学校，怎样设置课程？

拆分与合班相结合。一个年级有 4~8 个班时，可以正常实施走班制教学。若年级班级较少，则可按水平段合班上课；若年级班级较多，则可拆班上课。如，三年级 10 个班、四年级 6 个班、五年级 4 个班、六年级 2 个班的情况，三年级可拆分成 2 个组进行排课，四年级正常排课，五、六年级合班排课，将水平三的所有班级看成一个整体。

21. 有没有一种方法，既能进行改革又不惊动全校？

可选一个年级进行改革。建议小学选三年级，初中选一年级。多数改革学校先是选择 1~2 个年级进行试点，改革的难度降低，受制约的条件减少，改革工作更容易推进。

也可以排课不选课。将同一个年级的体育课看成一个整体进行排课。排课后，学生不进行选课，每位教师用一半左右的课时教自己擅长的体育技能，降低改革难度，为下一步全面改革做准备。

22. 体育走班制教学中，如果一个专业有多个班，学生怎么分班？

分层设班。在选课阶段，学生只选择专业而不选择具体专业班级。学生选好专业后，教师再根据学生的具体情况进行分班，将专业水平接近的学生分到一个班。教师可通过简单的测试对有基础和没有基础的学生进行分层，提高分班效率，也有利于课堂的教育教学。

五、教育教学篇

23. 体育走班制教学计划如何制订？

从学生体质健康情况、专业水平情况出发来制订教学计划。不能不管学生接不接受、适合不适合，只教单一专业技能。如果篮球专业的学生学了一个学期的拍球，而没有其他的教学内容，如此单一的体育技能教学，会让学生失去对该专业的兴趣，也会导致学生身体素质的发展不平衡。教学计划需要多元化。一是专业教学的多元化。如篮球教学，除了球性练习，还要有篮球游戏、篮球赛事等内容。二是整体教学内容的多元化。建议设计 50% 左右的专业教学内容和 50% 的其他教学内容，如健康教育、队列队形、体操、田径运动等。还可以根据学生身体素质的实际情况设计速度、力量、柔韧性素质的练习。

24. 体育走班制教学，各水平段的教学内容如何设置？

水平一阶段：一是抓常规，此阶段的学生还处在探索校园的阶段，处于小学生活懵懂期，是树立规则意识的最佳时期。此阶段学好队列队形内容，有利于下一阶段的走班教学。二是抓学生身体素质发展窗口期，通过走、跑、跳、投、攀、钻、滚动和支撑等身体练习发展学生的柔韧性、灵敏性和平衡能力等。三是抓兴趣，使学生初步了解体育走班制教学各专业的学习内容，激发学生对这些运动项目的兴趣，为下一阶段选课做准备。

水平二至四阶段：水平二阶段开始正式实施走班制教学。需要根据学生的基础情况设置教学内容。在专业学习方面，如果没有专业基础，无论是水平几，都应从基础开始学习；如果有一定的基础，可以根据学生的基础进行运动技术模块化教学。把本专业技术动作模块化，随着水平阶段的提高，技术动作难度逐步提高，比赛场次应该逐步增加。在其他内容的学习方面，要抓住学生身体素质发展的窗口期，以便快速有效地提高学生的身体素质。

25. 体育走班制教学的教学内容如何选择？

第一，结合课程标准选择教学内容。体育走班制教学不是只教运动技能，同样要完成课程标准中提出的五个方面的学习任务。

第二，结合专业特点选择教学内容。课程标准中要求通过走、跑、跳、投等身体活动方式发展学生的柔韧性、灵敏性、速度、力量等身体素质。很多运动项目都有这样的需求。例如，足球、篮球等都需要通过走、跑、跳、投等方式发展体能和技能。实施走班制教学后，教师应结合专业特点，丰富技术动作的学习方式方法，全面发展学生的体能和技能。

第三，结合学生实际选择教学内容。要根据学生的基础选择难度适宜的教学内容，而不是整齐划一地学同一个内容。要根据学生的学习能力来选择教学内容，而不是任务式地完成教学内容。学习能力强的班级，选择难度大一点的教学内容；学习能力一般的班级，则选择相对简单的教学内容。要根据学生学习情绪选择教学内容。学生学习情绪高涨时，注重技能技术的学习；学生学习情绪低落时，选择体育游戏、体育竞赛等教学内容进行补充，激发学生的学习兴趣。

26. 体育走班制教学后，学生来自不同行政班，专业班要如何管理？

首先，统一课堂常规。各专业班的要求都是统一的，包括服装等都是严格统一的。这就需要在改革前，组织体育教师统一学习课堂常规要求，而不是各自做各自的体育常规要求。

其次，严格考勤制度。只有每名体育教师都做到了班班有考勤、节节要签到，学生才能杜绝侥幸心理，树立起规则意识。

最后，建立评价机制。对考勤、常规要有评价并纳入期末体育考试成绩，如考勤占体育期末成绩的20%，考勤满分为100分，其中迟到一次扣1分，请假一次扣2分，旷课一次扣5分。

27.学生的专业基础水平不同、学习能力不同,怎样把握教学进度?

改革的目的是让学生真正掌握1~2项技能,不同于过去为了赶进度的蜻蜓点水式教学。因此,进度不统一是必然的。对于有基础的班级,学习的进度会快一些;对于无基础的班级,进度会慢一些。体育教师要把每个专业的技术动作模块化,确保80%以上的学生掌握了该技术,才进行下一个模块的教学。如篮球的原地运球,无基础的班级可以安排4~6课时进行学习,有基础的班级只需安排1~2课时。总之,教学进度要根据学生的学习情况而定。

28. 体育走班制教学,在改革初期学生非常有激情,但后来学生渐渐疲倦了,怎么办?

第一,丰富课堂教学。除了要重复练习技术动作外,还要不断变化教学方法和内容。教学的内容要丰富,除了学习专业技能,还要学习体育课标规定的其他内容。教学的方法也要多样化,通过游戏化、竞技化手段提高学生的学习兴趣。

第二,提升教师水平。学生的学习兴趣降低,归根结底还是因为教师的教学能力不足。传统的教学只需教每个运动项目最基础的内容,不必深入教学,导致体育教师难以系统、完整地教授一个运动项目的所有技能。进行体育走班制教学后,教师应不断提升自己的教学水平,提升专业能力。有一名能教、会教的专业教师,是学生学好专业的基础。

第三,科学精准评价。首先是量化评价,每个单元教学模块要有标准、有测试、有反馈。评价应使用精准的语言,如练习篮球原地低运球,应明确在抬头的情况下,每分钟拍球的次数,而不是用"认真练习"这样的非量化性语言进行评价。其次是差异评价,评价应注重学生的差异性,注重学生努力的部分。如1分钟跳绳的个数,记录好原始成绩后,每次练习时,强调在原有基础上进步的个数,而不是只关心跳得最好的学生。最后是多元评价,评价既要注重结果,也要注重过程。结果是学生学习的效果怎么样,过程是评价学生运动参与时的上课表现、进步的程度。

评价不是为了分出三六九等，而是为了找到每一个学生的闪光点，促进学生快速成长，让学生有兴趣、有动力继续学习。

29. 体育走班制教学改革后，除了体质健康测试作为学生的体育成绩外，还有其他考核形式吗？

传统体育课的教学评价一般会以体质健康测试成绩作为学生的期末成绩。这种评价方式目标清晰，学生体质健康测试成绩好就是体育成绩好。体育走班制教学的要求更高了，不仅要抓体质健康，还要抓技能学习。评价中应一个目标对应一个评价，力争每个评价都能促进学生的努力。

首先，体育成绩中常规表现占 20% 左右。要树立规则，通过考勤制度实现对常规的考核。

其次，体育专业成绩占 30% 左右。技能的学习情况通过专项考核实现。每个专业可设置 2~3 个基本功项目进行考核，评价内容应是本学期所学内容。

最后，体质健康测试成绩占 50% 左右。目前，增强学生体质健康仍是新时代体育课的重要任务。各考核项目所占的比例不是一成不变的，应随着学生体质健康水平的波动而适当调整。

30. 体育走班制教学后，体育家庭作业怎么布置？

体育家庭作业应是简单的、易操作的内容。仰卧起坐、俯卧撑、跳短绳等容易开展的项目应成为体育家庭作业的主要内容。

家庭作业应根据学生个体的体质健康测试情况进行分层布置。可根据学生体质健康测试结果进行分类，如，将柔韧性较差的分成一组，布置坐位体前屈等柔韧性素质练习。有针对性地布置体育家庭作业，能有效促进学生身体素质的全面发展，也减轻了体育课的负担，可以用更多的时间教授体育技能。

体育走班制教学开展前值得关注的问题

教育部办公厅在 2021 年 6 月印发的《〈体育与健康〉教学改革指导纲要（试行）》中提出了"体育选项走班制"教学方式。虽有近千所学校正在实施体育走班制教学，但相对于全国中小学的数量来说，参与改革的学校相对较少，有人不清楚这项教学改革的情况，也有人持观望态度，还有人心存质疑。笔者收到了不少学校的反馈，现就观望者、质疑者心中的困惑，做出一些解答。

问题一：小学就开始体育走班制教学会不会过早地进行了专业化训练？

这是广大体育教师和教学管理者关心的问题。可以明确地回答，不会。体育走班制教学与体育学校中的人才培养方向是不相同的。首先，要了解什么是"过早的专业化训练"和"早期专业化训练"。"过早的专业化训练"是指明显违反了学生身心健康发展的规律，伤害了学生身心的专业化训练，其实这样的体育训练实例并不多，且大多数项目需要从青少年阶段开始抓起，比如体操、游泳等项目。国家现在提倡"双减"政策，减少了学生文化课程的负担，为的就是让广大学生有更多时间发展体育与艺术类的特长。"早期专业化训练"是应该肯定的，体育讲究"童子功"，很多项目需要"从娃娃抓起"。习总书记提倡的"足球坚持从娃娃抓起"便是体育的早期专业化训练。其次，学校中的课堂教学与国家体育训练队的训练内容，有很大的差别。学校中的体育训练其主要目的不是为国家队输送体育人才，而是帮助学生在体育锻炼中"享受乐趣、增强体质、健全人格、锤炼意志"，让学生习得一技之长，培养一种健康的生活方式。

问题二：体育走班制教学是否影响学生的全面发展？

首先我们要了解体育中的两个概念，一个是基本技能，另一个是专项技能。我们常说的体育全面发展，是指学生身体素质的全面发展和身体基本活动能力的全面发展，而不是指学生在体育专项技能上的全面发展。体育运动项目种类繁多，分类方式也繁多，按奥运会比赛项目的分类方法，大类有30多种，小项有300余种。想要全面学习体育专项技能是不可能完成的事，能精学1~2项技能，就非常了不起了。事实是，我们很少见到同时精通篮球、排球、足球、田径、体操、武术、乒乓球等各项体育专业技能的小学生，大多数学生是什么都会一点，但不精通。各体育专项技能需要以体育基本技能作为保障。基本技能包含学生的走、跑、跳、投、支撑、悬垂、闪躲、攀爬、翻滚等身体能力，也包含人体必需的速度、力量、耐力、柔软、灵敏等身体素质。体育走班制教学改革的目的是使学生熟练掌握1~2项运动技能，促进学生参与体育活动，全面提高学生身体素质和身体活动能力，帮助学生养成健康的好习惯。

问题三：体育走班制教学是否限制了学生的兴趣发展？

终身体育不需要掌握多项运动技能。《"健康中国2030"规划纲要》提出，到2030年要基本实现青少年熟练掌握1项运动技能。事实是，绝大多数人一辈子经常参与的运动项目也是1~2个。熟练掌握1项运动技能后，其背后的运动学理是相通的，在"运动迁移"的影响下，能帮助学生更快地掌握其他运动技能。而蜻蜓点水式的学习是不会产生"运动迁移"的效果的。

问题四：体育走班制教学会不会影响体育教师的"一专多能"？

"一专多能"教师是指能够承担多门学科教学任务的教师。"一专多能"教师主要针对乡村小规模学校的实际，定向培养，既继承中等师范学校全科培养"一专多能"的传统，又体现高等师范院校的学科优势和本科层次的专业支持，更是对破解当前深度推进基础教育课程融合改革难题的积极回应。在城区中小学，体育教师兼任其他学科的现象仍有不少。体育教师的"一专"是指体育学科专业素养，主要体现其体育运动技能的专业水平。体育教师并不是什么体育运动技能都会，更不是什么体育运动技能都能教。体育教师的"多能"更多地是指各学科之间的通用教育教学能力，如组织教学能力、信息技术应用能力、创新教法能力等。

　　体育走班制教学让教师回归到自己的优势项目上，能促进体育教师的专业化成长，让体育教师的"主专业"不再"荒废"；通过"一专"的不断深入，能促进教师的"多能"。

体育走班制教学教什么

体育走班制教学教什么？不同的学校对体育走班制的教学内容有着不同的理解，是全部教"运动技能"，还是"运动技能＋基本技能"相结合，或是其他内容，大家都在摸着石头过河。

一、体育走班制教学内容的分类

教学内容是体育教学的载体，针对不同的教学内容，把握各自的特点和规律，有利于提高教学质量。

1. 根据人体的基本活动能力分类

根据人体的基本活动能力分类是以人的走、跑、跳、投、支撑、攀爬等动作技能划分体育教学内容。在 2001 年和 2011 年版课标中，部分教学内容就是按人体的基本活动能力来分类。毛振明教授等主编的《体育趣味课课练 1260 例》就是按照此分类方法来编写教学内容的。

该分类方法的优点是便于开展，有利于学生各种身体动作的发展和基本活动能力的提高；不足之处在于与运动项目脱节，不利于某一运动项目的培养，难以形成长久动机。

2. 根据身体素质分类

根据身体素质分类是按照力量、速度、耐力、灵敏性、柔韧性等身体素质，对相关教学内容进行分类。在 1992 年版课标中，部分教学内容就是按身体素质来分类。市面上也有不少介绍身体素质练习方法的书籍，如《青少年身体素质练习方法》。

该分类方法的优点是有利于锻炼学生身体素质，帮助学生认识各运动项目与身体素质发展之间的关系。但由于许多项目并不是单纯发展某一方面的身体素质，这样的分类显得不够准确，且对体育教学内容的文化特性认识也显得不足。

3. 根据运动项目分类

根据运动项目分类是按照运动项目的名称和内容进行分类。这也是体育教学中最常见的对教学内容进行分类的方法。

该分类方法的优点是与社会生活中常进行的体育运动保持一致，教学内容更容易让人理解和接受，有利于体育竞技文化的传承。不足之处在于，一是容易将"非正式体育项目"排挤在外；二是由于运动项目种类繁多，每一种运动项目需要一定周期的学习才能掌握，在中小学阶段的多运动项目教学导致蜻蜓点水式的教学。

4. 根据教学目的分类

根据教学目的分类是以人为赋予的体育教学要达到的目的为依据进行分类。现在的课程标准主要依据此方法进行分类。

该分类方法的优点是可以将达到多种目的的身体练习进行人为的规定，使教学内容的目的性和教学方法更加明确，有利于打破单一教学内容的壁垒。不足之处在于，多目的的教学要求，增加了体育教师对教学内容的实施难度，体育教师要理解"身体活动能力""身体素质""运动项目"等教学内容之间的内涵和关系。只有清楚了教学目的，才能知晓教什么内容。

二、体育走班制教学的目的

体育走班制教学的目的主要有三个。一是获得运动能力。增强学生体质，帮助学生熟练掌握 1~2 项运动技能，为终身体育提供保障。二是享受运动乐趣。帮助学生在体育锻炼中享受乐趣，让其积极主动地参与运动，为终身体育提供动力。三是培养体育品德。遵守体育的道德规范和行为准则，塑造良好的体育品格，培养合格的社会公民。这三个目的也呼应着体育核心素养的运动能力、健康行为、体育品德。

1. 获得运动能力

无论体育学科的课标怎么改变，增强学生体质永远是体育学科的首要任务。它不是通过一堂高密度、高强度、高难度的体育课就能完成的，需要课堂上长期地、系统地、科学地去实践。"放养式""多讲少练式""只探究不活动"的体育课是我们要抛弃的课。我们还要抛弃"不教就会、玩完就散""不能促进课外锻炼"这些"内容低级"的体育课。因为增强学生体质，不是"一堂课"能达成的，其他锻炼时间也很关键，健康的体魄还与营养、睡眠、健康知识等因素相关。相对于难以改变睡眠时间和当下较为充足的营养因素，体育锻炼是最容易优化的变量因素。

帮助学生熟练掌握 1~2 项运动技能成为增强体质的重要途径。它可以让学生从课内走向课外，从校园走向社会，其重要性不言而喻。

要使学生获得运动能力，一是要教健康知识，帮助学生科学地参与锻炼、防止运动损伤、学会简易急救的方法；二是要教基础技能，帮助学生获得走、跑、跳、投、支撑、翻滚、攀爬等身体活动能力，提高生活和学习的质量；三是要教专项技能，帮助学生熟练掌握 1~2 项能走向运动场地、走向未来锻炼的运动技能。

2. 享受运动乐趣

兴趣是最好的老师。帮助学生在锻炼中享受乐趣，无疑是促进学生终身锻炼的途径。什么才是体育课堂需要的乐趣？是体育课上"科学放羊"带来的自由乐趣吗？是全程游戏的玩耍乐趣吗？还是满满的"赏识教育"带来的称赞乐趣？笔者认为，这些都不是体育课堂真正需要的乐趣。毛振明教授等在《体育教学理论问题与案例》一书中表明，运动的乐趣应该建立在有教学意义的前提下。

要使学生享受运动乐趣，就要教有深层次意义并有乐趣的教学内容，要适当教有深层次意义并无乐趣的内容，要少教有浅层意义并有乐趣的内容，要避免教无意义也无乐趣的内容。

3. 培养体育品德

体育品德的内容包罗万象，如"遵守比赛规则""顽强的拼搏精神""坚强的意志品质"等。体育品德包含体育精神、体育道德与体育品格三个主要内容。培养学生的体育品德，就是要促使学生"知"与"行"相统一。

三、体育走班制教学专业项目的设置原则

（1）场地优先原则

笔者参与了 100 余所学校的体育走班制教学改革的指导工作，发现学校的运动场地情况是影响专业设计的最关键因素。无论是传统的体育课堂教学，还是体育走班制教学改革，都需要考虑"小场地"怎么合理利用的问题。特别是在体育走班制教学改革的专业设计中，应优先考虑场地因素，再考虑其他因素。第一，优先考虑现有场地能开设的项目。项目的选择，应逆向思考，思考什么项目不能开设，确定一些不能开设的项目。如学校只有一个 7 人制规模的足球场，没有篮球场，原则上学校应该把篮球项目排除在外，开设像足球、软式曲棍球、软式棒垒球等适合在草地上进行的运动项目。第二，优化场地。有充足的场地是开展体育活动的重要保障，也是体育走班制教学改革能够长期进行的基础。一是可以优化校内的空地和不常用的房间，看校内是否有空地可以改造，如较宽的校园道路等；是否有不常用或闲置的房间可以改造。二是优化校外空间，能改建或扩建学校运动场地是更优的选择，这样能从根本上解决运动场地不足的问题，并根据专业项目的需求设计和改造场地。应优先考虑场地，做好不同场地运动项目的分类，确保这场地能够满足专业项目体育课的开展。

（2）项目精教原则

体育运动项目种类繁多，分类方式也多，按奥运会比赛项目的分类方法，大类有 30 多种，小项有 300 余种。对于学校体育教学，可以按照毛振明教授提出的"精、简分类"法进行分类，更适合体育走班制教学改革的专业项目选择。"精、简分类"法将教学内容分为四种，即简教类、精教类、知晓体验类、锻炼类。不是每一种项目都适合体育走班制长期教学，在专业项目的选择上，要设置"精教类"教学内容。"精教类"教学内容有如下特点：学生在未来生活中能经常使用、学生感兴趣、

能促进学生在未来的学习中进行迁移、能较好地在校园开展等。

（3）性别均衡原则

运动项目本身没有性别特征，但不同性别的学生在选择运动项目上是有取向性的。如校园足球、篮球等项目，男生选择较多，而健美操、啦啦操、体育舞蹈等项目，女生选择较多。基于不同性别的学生在项目上的不同取向性，在专业项目设置上要充分考虑。可以先设置男生偏好的运动项目，后设置运动项目时就要充分考虑女生的偏好。

（4）保留特色原则

除新建学校外，大多数学校是有一定体育基础的，甚至取得了优异的成绩，并成为某些运动项目的特色学校，如全国青少年校园足球特色学校。在专业项目的选择上，要充分考虑学校已有的特色项目，并使其不断发展。

（5）优化师资原则

大多数体育教师有 1~2 项能长期教授学生的体育专项技能。设置专业项目时，要考虑学校已有体育教师的专业。同时还可以发展有体育专长的非体育学科教师，如能教健美操、啦啦操的音乐教师，有篮球学习背景的数学教师，等等。另外，还可以通过人才引进，招聘所需专业项目的体育教师；在没有招聘资格时，可通过购买服务等形式引进社会力量，引进相关专业背景的退役运动员、体育教练员等。

总之，在体育走班制教学专业项目的选择设计上，除了按照以上原则实施外，还要结合学校的实际情况综合考虑，而不是只考虑某一方面的因素。

体育走班制教学教师专项化教学能力提升研究

体育走班制教学是教育部《〈体育与健康〉教学改革指导纲要（试行）》提倡的教学模式，也是贯彻落实"教会、勤练、常赛"教学改革思想的有效教学模式。体育走班制教学有利于促进实现《"健康中国2030"规划纲要》提出的"青少年熟练掌握1项以上体育运动技能"的目标任务，帮助基层学校形成"一校多品、一生一长、一师一专、一项一队"的体育生态。从2016年开始，北京市教委"一校一品"教学改革项目的体育团队系统地建构并阐述了体育走班制教学模式，对实施该模式的可行性与教学效果进行了实证研究。

绝大部分体育教师的专项运动技能随着年龄的增长不同程度地消退，他们在面对"教会、勤练、常赛"的改革要求和"专项化"的教学模式时，显露出专项教学能力不强，甚至因此抵制专项化教学，这成为推进体育走班制教学改革的阻力。本文从这一现实问题出发，剖析体育走班制教学对教师专项化教学能力的客观要求，探寻教师专项化教学能力的内涵、结构及提升路径，以期为体育教师的专业化成长提供助力和参考。

一、体育走班制教学教师专项化教学能力内涵剖析

1. 体育走班制的概念、内容与方法

体育走班制是指将同一个年级的体育课排在同一时间段，上课时打破行政班级，学生选择不同的运动专项，组成如篮球班、武术班、瑜伽班等专业班进行学习的一种课程安排和教学形式。其特征是具有选择性和专项化。这种教学模式以运动项目为载体，专项化的教学贯穿整个学段甚至是跨学段的教学过程中，旨在打破碎片化的体育教学，帮助学生熟练掌握1~2项运动技能。教育部《〈体育与健康〉教学改革指导纲要（试行）》里提到的体育选项走班制是与体育走班制几乎内涵完

相同的概念，由于两者含义与内容极为相近，理论来源相同，本文不做区分，统称为体育走班制。

2. 体育走班制教学视域下的体育教师专项化教学能力

如前所述，体育走班制教学是一种具有选择性的专项化教学，是一种长期稳定的、带有一定运动训练性质的教学过程，它对任课教师的首要要求就是具备对某个项目的运动技战术进行教学和训练的能力。这种能力虽与训练能力类似，但又不等同于训练能力，它要符合体育走班制教学常规要求、体育教学场地器具条件、教学班级学情、体育学业评价要求等。体育走班制教学教师专项化教学能力，特指开展体育走班制教学的体育教师驾驭所教运动项目并进行超大单元课程教学设计的能力，包括设计教学内容的能力、进行教学训练的能力、安排竞赛与游戏活动的能力，以及挖掘和整合教学资源的能力等。

二、体育走班制教学教师专项化教学能力的现实必要性理据

1. "教会、勤练、常赛"改革思想与体育走班制教学教师专项化教学能力

"教会"意味着学校体育课必须立足教会学生专项的运动技能；"勤练"是指学生要经常进行体育锻炼，体育锻炼不仅仅是跑步、跑操，还要有运动项目的训练；"常赛"则是教育部门和体育部门的赛事要统一起来，进行一体化设计、一体化推进，搭建面向全体学生的竞赛体系，构建优秀的后备体育人才成长和上升通道。

体育教师能否胜任走班制教学，在很大程度上取决于其自身的专项水平和相应的教学训练能力。正是基于这种研判，积极倡导体育走班制教学模式的毛振明教授指出，体育教师必须"发展并拓展运动专项"，"收集和学习所承担项目专项游戏与教学比赛方法，以不断提高组织'勤练'和'常赛'的能力"。

2. 体育走班制教学模式特征与教师专项化教学能力的内在关系

体育走班制教学模式作为体育教学改革的全新探索，与传统体育课相比较，在教学理念、教学目标、教学内容、课时安排、班级组织方式和教学方法等方面均有明显的变化。体育走班制教学模式的这些新特征对体育教学组织及体育教师的教学能力提出了更高要求，这也倒逼体育教师不断提升专项化教学能力。

（1）教学内容与教学过程的专项化

体育教学内容的专项化是针对传统体育教学内容的多项目碎片化弊端，从某个运动项目的系统掌握出发设计教学内容。教学围绕某一运动项目，按照学理（掌握运动技能规律）由浅入深地开展教学，使学生能够系统、深入地掌握该项目知识和技战术，达成标志是学生可以参加该项目的竞赛或表演。教学过程要改变传统教学琐碎的小单元授课形式，进行有时间保障的超大单元教学，这需要体育教师有进行超大单元教学设计与教学的能力。

（2）运动项目学习的可选择性

体育走班制教学模式的理论认为，加强体育课教学的可选择性、让体育学习充满主动性和个性是一个重要的改革方向。体育走班制教学模式的运动项目可选择性设计，旨在让每个学生根据自身特点和兴趣选择运动项目进行学习，为学生在长达数年的体育学习中熟练掌握运动技能提供条件。体育走班制教学模式打破了传统行政班级限制，让学生根据个人兴趣和条件选择适合自己的运动项目进行学习，充分体现了以学生为主体的教育理念和人性化特征。这要求体育教师具有指导学生合理选择运动项目的能力。

（3）教学过程的综合性发展

教学过程大幅度延长是体育走班制教学模式的特点之一，是能彻底克服蜻蜓点水式教学的利器。以往的体育教学为了顾全被错误理解的所谓"全面性"，要求基层学校在一个学年安排多个运动项目的学习，导致每个运动项目的教学时间总是很短。小单元教学似乎能增加学生对多个运动项目的了解并暂时提升学生兴趣，但从长远来看，非常不利于学生系统地掌握运动技能，也难以让学生体验到学会技战术和参与竞赛的乐趣。而大单元教学设计和超大单元教学设计更需要体育教师深入地将教学内容理解透彻，需要有系统、全面设计和实施体育教学的能力。

（4）学习过程系统化

传统体育课将"教""练""赛"割裂开来的教学违反了运动技能掌握的规律，也违反了学生运动技能发展过程的真实样态。而走班制体育教学是回归"教中学""学中思""赛中练""练中知""教中育"的自然态的专项技能学习过程，这样的教学对体育教师的育人意识与方法、探究性学习方法、竞赛游戏的组织方法、相关知识储备等都提出更高的要求。

（5）教学过程精细网格化

传统的蜻蜓点水式小单元甚至"一节课两个内容"的体育教学具有明显的粗放型特征。因教学时间限制，很多教学过程变成了"走过场"，使得体育课上讲解不清楚、练习不充分、交流不通畅、反馈不清晰、讲评缺位。而体育走班制教学模式则追求精细化、有效性：集中于一个运动项目进行有效教学，教师需遵循学理将这个项目的教学内容进行精细切分，对每个部分都给予足够长的学习时间，为的是让学生能一点点地掌握技术，再串联成组合动作融入战术演练，然后通过比赛内化为技战术。体育走班制教学过程和教学方法必是精细和有内在逻辑串联的，这要求体育教师对运动项目的学理有深刻的理解，能够科学地而不是大致地对教学顺序进行区分，并储备适合各个学习阶段的教学方法、练习方法、游戏方法和比赛方法。

三、体育走班制教学教师专项化教学能力结构分析

1. 体育走班制教学教师专项化教学能力结构要素的确立

为明确体育走班制教学教师专项化教学能力的结构和要素，笔者同具有丰富体育教学研究经历并对体育走班制教学模式有一定了解的专家、

参与体育走班制教学改革的 12 所学校的校长和体育教师进行了访谈，辅以实地观察，依据体育走班制教学模式的教学组织特征及其对教师专项化教学能力的要求，初步确立了 13 个专项化教学能力结构要素并设计了专家评分表。根据专家评分结果，最终确立了体育走班制教学教师专项化教学能力的 8 个核心要素，依据重要程度分别是：专项运动能力、昂扬的职业热情、专项教学训练能力、超大单元教学内容设计能力、开发利用教学资源能力、专项运动理论知识、竞赛组织安排能力、教学方法创新能力。

2. 体育走班制教学教师专项化教学能力要素分析

（1）专项运动能力

体育教学作为以运动技术传习为主要特征的、操作性较强的教育活动，具有很强的实践性。专项运动能力是体育教师从事本职工作的最基本能力，体育教师对运动专项的体会以及在设计教案、讲解示范技战术、指导多样化练习、专项体能训练等方面的能力至关重要。体育走班制教学因教学专项化的转变，更要求体育教师具有进行系统专项化教学的能力。专项运动能力基于多年专项训练和竞赛经历而形成，它不仅体现在教师动作技术的规范性，还体现在专项运动所独具的魅力。教师的专项运动技能对学生起到潜移默化的激励作用，影响教学的成效。因此，专项运动能力是体育走班制教学教师专项化能力中的核心要素。

（2）昂扬的职业热情

教师的职业热情是教学质量的重要保障。教师如果对自己的职业缺乏热情，将直接影响学校教育教学的质量。一方面，体育走班制教学的长期性、复杂性、系统性要求体育教师具有高昂的职业热情；另一方面，体育走班制"术业有专攻"的专项化教学，也能激发和唤起体育教师的职业热情。逻辑推理和体育走班制教学的实验研究均表明，可选择性的专项化体育教学有利于那些专项技能强的体育教师发挥其职业热情，而不利于专项技能较差的体育教师发挥其职业热情。这是因为，首先，专项技能强的教师被学生选择的机会较多，更受学生爱戴和尊敬，而专项技能较差的教师则相反；其次，专项技能强的教师在教学中更得心应手，其获得的专项教学资源也较多，工作压力较小，而专项技能较差的教师则相反；最后，专项技能强的教师通过专业化成长，参加其他专项工作的机会较多，如指导社团的训练、担任比赛的裁判等，而专项技能较差的教师则相反。体育走班制教学模式作为新时代学校的一项体育教学改革实践，有理念新和要求高的特征，适合那些锐意进取、专项技能强的体育教师群体，但会遭到因循守旧、专项技能较差的体育教师群体的抵制。其深层次的原因在于体育教师的职业热情、职业认同和事业心。

（3）专项教学训练能力

专项教学训练能力是中小学体育教师必须具有的、本质的、有别于其他学科教师的、最能反映体育教师专业水平的专业素质能力。持传统体育观念的体育教师可能会认为，只有运动队的教练才需要有专项训练指导能力。这是一种将训练和教学截然分开，认为教学只是初级体验和低水平习得过程的错误认识，是造成体育教学浅尝辄止、半途而废的主要原因。无论是从"教会、勤练、常赛"的教学要求，还是从《"健康中国2030"规划纲要》的任务要求，抑或是从"体育强国""终身体育"的现实需要来看，都不能继续容忍这样的教学存在下去。因此，需要一个持续、系统的项目教学训练过程来实现学生掌握运动技能目的的组织形式，而它必然是按学生自选的项目组成"专业班"上课的形式，其班级组成、上课形式、技战术要求、团队教育机制、比赛频度及考评内容均与传统体育课有本质区别。这就要求体育教师在具备一般体育教学组织能力之外，还要具备专项教学训练能力。

（4）超大单元教学内容设计能力

超大单元，是指长达几学期甚至几学年的教学过程，它与以往的小单元甚至超小单元的不同之处在于：单元不再只有教学"场景点"的设计，它以贯穿学期、年级、水平段或学段的"线"的设计为主。超大单元教学设计要求教师对教学内容进行重新集中再组合、再分配，以加强教学的整体性、系统性和有效性。提升体育教师超大单元教学内容的设计能力和实施能力，是学生掌握运动项目技能的重要保障。然而长期以来，在小单元、碎片化的体育教学环境下，中小学体育教师缺乏围绕某一运动项目进行长远设计和依据这一设计进行系统教学的能力，而超大单元教学内容的设计是打破这一僵局的突破口。体育走班制教学的本质是专项化教学，其特征是具有长达数学期乃至数学年的体育教学过程。因此，体育教师被要求能够制订所承担项目的多年教学计划、学年教学计划和学期教学计划，认真研究技战术教学的学理，不断提高教学质量。

（5）开发利用教学资源能力

教学资源是有助于教学质量提升的人力、内容、教法、教具、设施、器材以及场地等资源的总称。体育走班制教学所需的资源主要是教师能力、教学内容的设计和场地器材。实践证明，有效开发上述教学资源，有助于弥补体育教学条件的不足，有助于吸引学生积极参加体育活动，有助于学生获得更多的体育知识和技能。体育走班制教学对场地、器材专业化的更高要求无疑成为教学改革的一大挑战，需要体育教师团队具有开发体育资源的能力。

（6）专项运动理论知识

体育走班制教学对体育教师专项运动理论知识素养提出了新的要求，主要体现在两个方面：一是围绕项目习得的认识，如该项目的发展历史、项目特点、竞赛方法、技战术构成、裁判方法等；二是围绕项目育人的知识，如运动理念、项目文化、品德特色、身体发展、卫生安全等。诚如卢元镇所言，体育文化的出现，提升了体育的精神价值。每项运动项目都有独特的文化和精神内涵。通过体育走班制教学，学生所获得的不仅是专项运动技战术，还应有对项目文化与精神的品味与理解，以形成对该运动项目的理解与热爱。这就要求体育教师通过专项化教学使学生享受乐趣、增强体质、健全人格、锤炼意志，这一切都依赖于体育教师扎实的专项运动理论知识。

（7）竞赛组织安排能力

竞赛是促进学生专项化能力发展的重要途径，丰富多彩的、接近正式比赛情景的、接近真实运动强度的系列竞赛活动，能促使学生兴趣盎然地参加学习和锻炼。在体教融合和"教会、勤练、常赛"的背景下，体育竞赛的教育价值也愈发凸显和备受重视。"常赛"作为学校体育"教""学""练""赛"的重要环节，在体育走班制教学中更凸显了其保障性和决定性地位。组织课内外各种类型的体育竞赛和体育游戏成为体育教师的常态化工作，这就要求体育教师要掌握各种专项游戏的方法、过渡性竞赛的方法、正式竞赛的组织与裁判方法等。

（8）教学方法创新能力

教学方法直接关系着教学效果和育人质量。实践表明，教师如果不能科学地选择和使用教学方法，会导致师生精力消耗大、教学效果差。教学方法具有很强的应变性、时空适应性和个体针对性，是一个很难控制的教学因素。体育走班制教学比以往多项目、多变化的教学更具有专项的依存度和附和度，更符合运动项目技能形成的学理。某种程度上，其教学方法的科学性更容易得到评价。

四、体育走班制教学教师专项化教学能力的提升路径

1. 职前教育的体育教师专业培养

职前教育是中小学体育教师知识积累、专项能力储备以及一小部分教学能力、教育管理能力储备的过程，是体育教师专业化发展中一个的环节。然而，遗憾的是，当前体育教师的职前教育已经严重滞后于快速发展的基础教育体育课程改革实践。体育教育专业中明显存在着培养目标错位、课程设置不合理、教材内容陈旧、教学内容碎片化、教育实习不足等突出问题，其背后是"体育知识不知为什么而学""运动技能不知要学多少"的目标问题。体育走班制教学教师专项化教学能力的培养为破解这一目标问题提供了依据，体育教师的体育知识为教会学生如何锻炼、如何保健、如何理解优秀体育文化而学，运动技能要以确保学生熟练掌握 1 项以上运动技能的需要为质、为量。以此为定性定量标准应是制定今后体育教育专业培养方案，重新设计体育教育专业学生专项理

论知识学习与运动技能掌握目标的基本思路。

2. 职后教育的体育教师专业培训

职后教育的专业培训是体育教师专业化发展中的"加油站""充电器"和"程序更新"，而非系统的储备过程。通过各种形式的培训，教师的专业知识可以得到更新、专业技能得到提升、综合素质得到提高，从而促进教师的专业化成长。教师职后培训相较于职前的专业教育具有即时性、针对性、灵活性和实用性的特点。首先，从培训的内容上看，依据体育走班制教学教师专项化教学能力结构，除了对体育教师的专项运动能力进行强化外，还要结合当下"教会、勤练、常赛"的体育教学要求，着力提升教师对专项化教学方法、教学资源、教学情境的运用和创新能力。如此，才能适应体育走班制教学的新发展，满足学生对新知识、新技能的学习需求。其次，从培训的形式和路径来看，可以采取多元化的培训形式，如专题讲座、名师授课、学术沙龙、经验分享、教学比赛等，以满足体育教师专项化学习和提升的内在需求，全方位提升体育教师专项化教学能力。教师培训方案的设计应紧扣体育走班制教学教师专项化教学能力结构，聚焦教师专项化教学过程中存在的薄弱环节和突出问题，以提高培训的针对性、贴近性、实用性。

3. 构建持续性多元化的提升路径

教学能力的培养和提升是一个持续渐进的过程，不可能一蹴而就，因此依靠短期的集中培训是远远不够、无法保障的，它还需要教师能够在专项教学和训练实践的过程中接受即时性、具体化的专业学习和指导，以持续性、全方位提升专项化教学能力。结合体育走班制教学实施推进的现状和条件，以及学校体育教学改革的形式和要求，笔者提出自主学习、集体备课、带队实践、项目导师制四种能力提升路径。

一是自主学习。自主学习即教师通过自身努力获得专业知识和技能，促进其成长变化的实践活动。教师的自主学习同自身的专业发展是一个相统一的过程，教师的自觉努力是教师专业发展的根本动力。体育走班制教师专业成长规律决定了其专项化教学能力发展须通过不断地自主学习，以更新知识技能、教学理念和教学方法。学校应为走班制体育教师创造必要的自主学习条件，如提供学习资源、组织集体学习、邀请专家讲座、开展专题研讨、鼓励教学创新、支持学术研究和参加各类业务能力培训等，积极指导与帮助走班制体育教师成长，促进其专项化教学能力全面提升。

二是集体备课。集体备课即教师在一起研讨和准备教学的活动过程，它强调教师之间基于合作探究而寻求教学真义，强调优秀教学资源与教学经验的共生共享，强调凝聚群体智慧生成和创造新的教学资源。通过集体备课中的主题研讨、经验分享、专家指导和自我反思，能够帮助教师解决实践中遇到的普遍、典型、复杂的教学问题，培养教师的思考和创新能力，深化教师对课程教学内容、方法和评价的体系化认识，从而促进教师的专业成长。有学者曾指出，要改变一所学校，就要不断开展校内教研活动，让教师打开教室的大门开展相互评论。体育走班制教学作为一种创新的教学模式，需要体育教师在教学实践过程中，通过探索、思考、分享、总结，形成体系化的教学内容、教学方法和教学评价，而集体备课在培养体育教师专项化教学能力和形成专项化教学内容和方法体系方面能够发挥重要作用。因此，学校应重视和开展不同形式的教师集体备课，既要组织同一项目同一学段的教师集体备课，也要组织同一项目不同学段的教师集体备课。通过多样化的集体备课，不仅能提升体育教师专项化教学能力，还能增强体育教师的团队意识和对体育走班制教学的情感认同。

三是带队实践。体育教师是学校训练队工作的执行者和主要管理者。训练队的教学训练工作任务及其对体育教师业务能力的特殊要求，无疑能够倒逼体育教师专项化教学能力的提升。因此，参与体育走班制教学的教师除进行走班制圈内的业务交流和技能培训外，还可以通过参与学校业余训练队的教学训练来提升专项化教学能力。在"教会、勤练、常赛"背景下，学校运动队建设将成为主流，而体育走班制教学与学校运动队训练在目标任务和教学模式上有着高度的一致性。学校可考虑组建与体育走班制同一项目的运动队。如此一来，既可丰富学校体育锻炼内容，完善学校体育教学体系，形成学校体育特色，又可同体育走班制教学形成互动，促进体育走班制教学教师专项化教学能力的提升。

四是项目导师制。项目导师制是通过安排对口运动专项的优秀指导教师为体育走班制教师进行全程参与式教学指导，以提升体育教师专项化教学能力的师资培养方式。具体做法是由高校教师、教研员或经验丰富的优秀教师组成导师队伍，与新开展体育走班制教学的学校建立联系，教师与导师按照运动项目进行匹配，导师全程参与体育走班制教学，从教学计划、教学组织、竞赛组织、动作创编、职业规划等方面给予体育教师全方位指导，通过"传帮带"促进体育走班制教学顺利实施，促进体育教师专项化教学能力的快速提升。

第三辑

教学之策

在「统一」中寻求「不统一」

新时代学校体育：从横向到纵向的体育课程设置

传统的体育课程设置是一个体育教师教一个年级的多个班级，这意味着同一个年级的很多班级的上课时间都不相同。因此，除运动会等学校组织的大型体育活动外，班级之间缺少体育活动交流。随着体育课程教学的专业化、系统化以及体育课的增多，体育课堂上的教和练，已经不能满足新时代体育课程的发展需求。体育课堂中需要有体育赛事活动来促进课堂教学，让学生真正会用体育技能。从横向排课走向纵向排课，解决了这一难题。

一、体育课程排课

（一）传统横向排课

体育课程传统横向排课，是一名体育教师以年级为单位进行教学，如某小学一至六年级各有 4 个班，每个班有 4 节体育课，有 6 名体育教师，每名体育教师教一个年级。这样的排课，同一个年级的班级不能同时上课。

（二）纵向排课

体育课程纵向排课，是指同一个年级的体育课安排在同一时间段。

二、纵向排课的优点

（一）创造班级交流平台，营造体育竞技氛围

体育课程需要"教、练、赛"，除了班级内部的比赛，也需要班级与班级之间的竞技。传统的体育课，同一水平段的学生在不同时间段上课，如果要组织体育比赛活动，就需要通过调课或是利用体育大课间、放学后的时间进行。牵一发而动全身，当需要协调各方力量组织活动时，一项简单的体育活动就变得难以开展和难以持续。纵向排课后，同一个

年级的各班级在同一时间段上课，各项体育活动的组织和开展变得简单易行。班级之间的交流与竞赛，能营造体育竞技氛围，增强班级凝聚力，也促使学校形成体育特色，使体育竞赛常态化。

（二）明晰体质提升责任，规范体质健康工作

传统的横向排课，一名教师包揽一个年级的体育课程，难以从学生体质健康测试成绩中找到各教师教学水平的差距。不同水平段对学生的要求不同，将不同年级进行比较是不合理、不科学的。纵向排课后，教师责任更加清晰。同一个年级由不同体育教师任教，横向对比便于从测试成绩中看到差距。同一批学生通过六年的学习，体质健康逐步达到什么水平，通过纵向对比能反映出教师的教学能力。纵向排课让增强学生体质健康工作更规范、更合理。

三、纵向排课的方法

（一）纵向排课总课表设置

排课时，应将同一个年级的所有班级视为一个单位进行排课，如表3-1所示。

表3-1　体育课程纵向排课总课表设置

时间	星期一	星期二	星期三	星期四	星期五
第1节					
第2节	一年级	五年级	四年级	三年级	二年级
第3节	二年级	一年级	六年级	四年级	五年级
第4节	三年级	二年级	一年级	六年级	四年级
第5节	四年级	三年级	二年级	一年级	六年级
第6节	五年级	六年级	三年级		

（二）教师分工分课设置

体育教师的体育工作量一般为16~18课时。以湖南为例，小学体育与健康课程每个班级每周课时一般为4节。一个班级每周4节体育课，

意味着任教 4 个班级基本能满足体育教师课时量的要求。有学校管理任务的体育教师，可根据管理工作量适当减少 1~3 个班的教学任务。如，张三老师无学校管理任务，承担 4 个班级的教学任务，一至四年级的 1 班均由张三老师负责，分工分课设置如表 3-2 所示。

表 3-2　教师分工分课设置

时间	星期一	星期二	星期三	星期四	星期五
第 1 节					
第 2 节	一（1）班		四（1）班	三（1）班	二（1）班
第 3 节	二（1）班	一（1）班		四（1）班	
第 4 节	三（1）班	二（1）班	一（1）班		四（1）班
第 5 节	四（1）班	三（1）班	二（1）班	一（1）班	
第 6 节			三（1）班		

四、实施纵向排课的建议

（一）突出体育教师的专业优势

体育教师每周拿出一半课时教自己所长。很多学生之所以上了九年体育课什么都没学会，是因为大量低级重复和蜻蜓点水式的教学，教师什么都教最后却什么都没教好。每名体育教师在大学阶段都有自己的专长。术业有专攻，专业的人做专业的事，这样才能让体育教学发挥最大的价值。

（二）增加学生体育运动的趣味性

纵向排课后，课堂教学相对较开放，同一时间段，同一个年级的各班可以进行同一内容的学习，让枯燥的练习变成各班之间的竞赛，如 1 分钟跳短绳练习，可以变为班与班之间跳短绳集体赛，比 1 分钟跳绳平均成绩。把学生的竞争从班级提升到年级，把个人荣誉变成集体荣誉，把封闭的练习变得开放，让增强学生体质健康的工作不再无趣。

（三）形成班级体育赛事的常态

有计划地设计班级体育比赛，让班级赛事成为常态。每周安排一节体育课进行班级比赛。如足球特色学校，应让足球比赛成为每周的常规活动，让学生在比赛中锻炼成长，真正掌握足球技能。

以上课程设置方法，是在全国学校体育联盟（教学改革）的指导下，通过四年的体育教学改革实践而总结的经验。体育教学改革的目的是适应新时代的学校体育发展，帮助学生熟练地掌握运动技能，帮助学生在体育锻炼中享受乐趣、增强体质、健全人格、锤炼意志。

人人参与的"体育 +"课程文化

2022 年 3 月，教育部颁布《义务教育课程方案（2022 年版）》和各学科义务教育课程标准（以下简称新课标）。新课标强调素养导向、综合性、实践性等，增加了跨学科主题学习内容。长沙高新区虹桥小学从 2016 年开始实施体育课程教学改革，形成了"体育 +"综合课程教学体系，与新课标育人理念不谋而合。

"体育 +"综合课程，是长沙高新区虹桥小学在"全员体育"背景下提出的"大体育"课程体系，它融合了体育与语文、数学、美术等其他学科，拓展了体育与安全教育、劳动实践、国防教育等活动，整合了体育与家校工作、信息化手段、德育工作等，旨在让体育以外的学科教师、学校各个部门、广大学生家长认同并参与到体育课程教学改革中，更充分地调动学生对体育的兴趣和积极性，促进学生养成终身体育锻炼的好习惯，是一个创新的、积极的、有效的，且符合当前中小学条件的体育课程体系。

一、体育与其他学科的融合

将体育活动与其他学科教学相融合，互为资源，相互渗透，相辅相成，可以多形式地激发学生对体育和相关学科的喜爱。

1. 体育 + 语文

语文是文化传播的重要载体，语文教师充分挖掘体育教育资源，为学生的自主写作提供有利条件和广阔空间，使学生在表达和写作上的层次更加丰富。开展"体育 + 语文"的习作征集活动，学生可以分享在学校、家中进行体育锻炼或比赛时发生的有意思的事情或难忘的经历，撰写与体育有关的童话、儿歌、诗等。学生有了鲜活的素材，表达起来自然有话可写，下笔如有神。

2. 体育 + 数学

体育活动中有许多内容是与数学知识紧密相连的，一方面，体育教师在体育活动中渗透数学知识和方法，让学生明白生活中处处有数学；另一方面，数学教学时，数学教师引导学生研究体育活动或赛事中的数学问题，培养学生的思维和探究能力。如在学生进行跑步训练时，可以让学生根据所跑的路程和所用的时间测算自己的速度；运用统计图表的知识来分析全班的体质健康数据……久而久之，学生在学习中也能触类旁通，主动拓展知识领域。

3. 体育 + 美术

美术是小学生认识世界、探索世界的重要手段。以体育为素材的绘画和图案，能展示体育的深层魅力。如，美术教师可以指导学生以全员运动会或体育赛事为素材进行创作，形式不限，可以是漫画、手工捏泥、剪纸等，学生能从中发现美、认识美、创造美。学生创作的作品常常超出大人们的想象。如，将运动会的队旗、队徽、吉祥物等设计交给学生，在全校征集、海选、投票，让有不同兴趣特长的学生都能参与到体育之中，激发学生的运动兴趣。

4. 体育 + 音乐

将音乐有机地融入体育课堂，能激发和保持学生的运动热情，也会使课堂教学收获意想不到的效果。如，体育课上的热身活动、放松操、小组练习等环节，学校全员运动会的每一个项目都离不开音乐，都需要选择最合适的配乐，或激烈、或舒缓。

二、体育与其他活动的融合

1. 体育 + 安全教育

"每年学习八课时，一生身边无危险"。长沙高新区虹桥小学将安全技能融入体育竞技之中，让学生在运动中学会基本的自救互助方法，有效落实了安全教育"从娃娃抓起、从防范抓起、从身边抓起、从行为抓起"，有利于学校体育锻炼、学生野外活动的开展，有利于学校管理的规范和学校生活的有序。如，在"逃离震颤"项目中，学生分组越过障碍物，规范而有序；在"巧制担架抬伤员"项目中，学生默契配合，熟练地搭建"担架"。这些运动项目设计巧妙，可操作性强，对场地要求低。

2. 体育 + 劳动实践

从体育起源的角度来说，体育最初的源头是原始的劳动。长沙高新区虹桥小学尝试将劳动实践融入体育教学。运动场上，伴随着音乐轻快的节奏，学生在拖地、抬水、搬运器材……举手投足间，诠释了劳动与体育的完美结合。

3. 体育 + 国防教育

小学国防教育是全民国防教育的基础，是向青少年进行公民素质教育、培养社会主义事业建设者和接班人的重要途径。长沙高新区虹桥小学将国防教育与体育相结合，进行跑、跳、立、走、队列等军事技能训练，学做简单的军事游戏，初步体验站岗、集合、执勤等军事生活，培养令行禁止、一切行动听指挥的作风。

三、体育与其他工作的整合

1. 体育 + 信息化手段

通过互联网、大数据、智能穿戴设备等人工智能手段与体育的深度融合，基于学练赛评，让学生爱上体育，让运动成为良好习惯，赋能学生终身发展。通过"三精准"工作，实现学生体质的精准增强。"三精准"即目标精准、过程精准、评价精准。它能有效改变学校体育工作中目标不清晰、过程不清白、评价不清楚的状态。如学生体质健康达标优秀率25% 以上，这是目标精准；智能测量、智能分析报告、智能打卡干预手段，这是过程精准；有从学校到班级、从班级到个人的多维度评价报告，这是评价精准。

2. 体育 + 家校工作

家校工作是学校工作中很重要的一部分。首先，更新家长们的思想观念。不要担心体育锻炼占用了孩子的学习时间，因为体育不仅能育体，也能育德、育智；要让孩子们在运动场上学会与同伴合作、懂得尊重对手、锤炼拼搏精神、正确看待输赢。其次，让家长陪伴孩子运动，做孩子体育运动的坚定支持者和同行者，让爱从陪伴开始，让陪伴从运动开始。如观看赛事直播，一起完成体育家庭作业，参加亲子运动会、亲子操表演、爸爸拔河赛、妈妈跳绳赛、亲子吉尼斯挑战赛等活动。长沙高新区虹桥小学成立了教师跑团、家校跑团，平时线上打卡，节假日则组织线下约跑，教师可以与学生商量拟订跑步制度。长沙高新区虹桥小学以"智慧跳绳"项目为抓手，借助智能手段开展体育打卡和竞赛活动。

3. 体育 + 德育工作

体育学科具有超强的育人功效，将德育管理融入体育教学与体育活动中，能更好地培养学生团结协作、积极向上、乐观开朗、遵章守纪等高尚品格。如，全员运动会采用跨越年级界线的"纵向分组"，有利于加强不同年级学生之间的互助友爱，让友爱之心融入体育；在项目设置上选择具有挑战性、合作性的集体项目，让学生学会合作，相互帮助；体育赛事都有明确的要求和规则，在平时的教学及比赛中严格按要求和规则执行，充分利用奖惩手段对学生进行遵守规则、敬畏规则的教育；无论是平时训练还是比赛，都要求学生自己摆放器材，收拾整理器材，以培养学生的责任意识和自理能力。

小学课后服务的课程化实施策略

笔者负责小学课后服务管理工作已有 3 年，其间遇到过问题但也有不少收获，现就课后服务的课程化实施策略谈一些自己的理解。

一、前期要有目标和方向

1. 与学校办学特色相结合

课后服务工作既不要因为害怕麻烦，搞"一刀切"的零特色服务，即只开设在教室里写作业＋阅读的基础班；也不要采取没有经过深度思考、"一锅粥"式的多元课后服务模式，即想开什么课就开什么课，想开几天就开设几天，只要不影响学校秩序就行。

课后服务的课程应与学校办学特色相结合。如，长沙高新区虹桥小学以体育为特色，2021 年上学期全校共开设特色课程班 43 个，其中体育课程班 21 个，占比约 50%。学生在体育课堂中，能基本掌握一项运动技能；在课后服务的训练中，能进一步学习，熟练掌握一项运动技能，这是学校特色办学不可缺少的重要课程。

2. 与教师专业特长相结合

在有所侧重的课后服务课程设计的基础上，学校应充分发挥本校教师专长。如长沙高新区虹桥小学李加林老师有篆刻专长，学校就开设篆刻课；韩艳老师有丰富的合唱教学经验，学校就开设了合唱班。大部分艺术、体育、科学等学科教师都有专业"绝活"，充分发挥好他们的特长，有利于丰富和完善学校课后服务课程体系。

3. 与课程类型特点相结合

不同的课程类型，有不同的要求和特点。首先按学习方式分类，可以分为精学类和简学类课程。如体育学科中的足球和游泳课程，足球课一周开设 1~2 次，很难让学生熟练掌握这项运动；游泳项目，一般 12 次课就能让学生学会游泳。因此，课程的开课时长和周次应与课程类型特点相结合。大部分球类项目建议一周开3次课以上。其次按表现形式分类，可分为比赛类和展示类。大部分的体育课程会有比赛，教师可以结合比赛要求有计划地设计教学内容，让学习的内容更有方向性。

二、中期及时反馈并提要求

1. 日日巡查，确保安全

课后服务工作，应安排管理人员进行巡查，并将各班每天的出勤情况及时反馈，这是确保学生安全的底线。

2. 常常提醒，反馈常规确保育人效果

管理人员在巡查过程中，对教学常规应提出要求，除了教授知识外还要帮助学生养成良好的行为习惯。特别是艺体类课程，如健美操班应提醒教师和学生进门就脱鞋，并将鞋子在舞蹈室门口摆放整齐。

3. 反馈亮点确保进步

管理人员在巡查过程中，发现好的行为和做法，应及时反馈至工作群，并在全校宣传师生的优点和亮点，促进文明校风的形成。

三、终期给平台出成效

1. 提供展示舞台

学生学习了丰富的特色课程，需要有展示平台，一是检验学生学习效果，二是给学生提供锻炼的机会，三是给课后服务社团提供交流学习的机会。

2. 视频推广宣传

宣传是为了更好地开展工作。一学期结束后，要求各课后服务社团教师制作本社团的学习情况视频。这样做有几个好处。一是让教师认真对待课后服务，学生、家长、同事、同行都能看到课程开展的情况。二是激发学生兴趣。学生能看到自己的才艺，提升自豪感，进一步激发学

习兴趣。三是展示教师能力。很多教师默默地在教学一线奋斗了几年甚至几十年，却没有机会展示给他人，导致教师的才华、能力被埋没或被误解。四是促进家校融合。学生在学校学了什么，参加了什么活动，学习情况怎么样，很多家长并不清楚。通过视频宣传，家长能看到孩子在学校成长的一面，会给予学校更多的理解和赞誉，为孩子的成长赋能。

3. 综合评价促发展

期末的展示和视频宣传本身就是一种评价过程，这是一种化被动为主动的评价方式，再结合巡查情况，即过程性评价、相对评价相结合，就构成了课后服务的综合评价，为下一学期课后服务工作的开展提供了依据。

基于"三养"教育理念的"三生"体育课堂教学策略

基于当前我国青少年成长过程中暴露出的普遍的身体健康、心理健康和思想道德问题，长沙高新区教育局进行了中小学"三养（养生、养心、养德）"教育综合实验研究，找到了解决以上问题的路径。在课题组的共同努力下，本课题研究取得了一定成效。笔者作为课题组成员主要参与了体育与健康学科部分的课题研究，现将基于"三养"教育理念的"三生"体育课堂教学策略分享出来，供读者参考。

一、什么是"三养"教育

"三养"教育，即崇尚"自然养生、经典养心、实践养德"的教育。它以中医时令养生原则陶养生命，以传统经典文化之精粹滋养心性，以现代中小学生生活实践教育教养德行，遵循以人为本、天人合一、童蒙养正的人与自然及社会的科学原则，汲取我国五千年优秀传统文化之精粹来修身养性，以文养心，以德养行，以性养境，达成青少年儿童身心和谐、健康向上、品学兼优的理想人格。

二、体育与健康课程与"三养"教育的关系

课题组认为，青少年的身体健康、心理健康和思想品德可以通过"养"的路径得到发展和提升。

体育与健康课程的总目标是通过本课程的学习，学生能掌握与运用体能和运动技能，提高运动能力；学会运用健康与安全的知识和技能，形成健康的生活方式；积极参与体育活动，养成良好的体育品德。

课题研究的问题与体育与健康课程的总目标高度一致，"三养"教育和体育与健康课程的终极目的都是提升学生的身心健康水平和思想品德水平。通过"三养"课题的研究，结合体育与健康课程特性，课题组进行了基于"三养"教育理念的体育课堂教学策略研究。基于"三养"

教育理念，课题组在体育课堂教学中提出尊重生命、尊重生活、尊重生态的"三生"体育课堂教学策略。

三、基于"三养"教育理念的"三生"体育课堂教学策略

1. 尊重生命，让学生在"生命"课程中提高生命的质量

"三养"教育强调自然养生，尊重规律，以人为本，珍爱生命，以达到"养生"目的。课题组将"生命"课程融入体育课堂，开展了生命与健康知识进课堂和"三精准"体质健康水平提升的教学改革。

（1）生命与健康知识进课堂

调查发现，98%以上的体育课堂教学中，没有涉及体育与健康知识，绝大多数体育教师在设计教案时，以体能和技能为主，即便是教案提到的安全知识，也不是"真健康知识"，只是一种安全的提醒，没有考虑运动损伤、逃生技巧等生命健康知识。这不符合体育与健康课程的要求，也不符合"三养"教育的"养生"要求。因此，课题组提出"每年八课时健康知识，学生一生平安无烦恼"的健康知识进体育课堂的教学要求。从一年级开始到九年级，体育课堂中学生每学年学习8课时生命健康安全知识，学生在实践中学习运动损伤、卫生、安全等知识，从而学会自我保护，提高生命质量。

（2）"三精准"体质健康水平提升

健康的生命需要强健的身体作保障。随着时代的发展、生活方式的改变，身体活动减少、活动方式单一是我国青少年体质健康连续30年下降的主要原因。《"健康中国2030"规划纲要》提出，到2030年我国学生体质健康标准达标优秀率25%以上的要求。我国中小学学生体质健康测试主要指标有身体质量指数、肺活量、50米跑（速度）、1分钟仰卧起坐（力量）、坐位体前屈（柔韧性）、1分钟跳绳（灵敏性）等。在提升学生体质健康水平方面，很多学校存在以下三个方面的问题。一是测量不精准。如在测量跑步时，人为误差较大，导致测量不准确。二是分析不科学。学生的身体素质发展是不均衡的，并不是每一名学生都

需要练习柔韧性素质。教师对班级学生没有整体分析和个性化分析，既不了解群体性身体素质情况，也不了解各学生身体素质的差异情况。三是干预不到位。测量和分析的不到位，导致干预不到位。因此，在全国学校体育联盟（教学改革）的指导下，课题组提出"精准测量、精准分析、精准干预"体质健康教学策略。长沙高新区虹桥小学经过两年改革，学生体质健康标准达标优秀率就由 2% 提升至 18.4%。

2. 尊重生活，让学生在趣味"课课练"中享受运动带来的乐趣

"三养"教育强调经典养心，通过传统经典文化达到育心目的，尊重日常生活常态发展，达到人的内心自由和心理健康的状态。认知心理学告诉我们，儿童更喜欢在有趣的、丰富多彩的情境中学习。因此，课题组基于"三养"教育理念，让学生在有趣的、丰富多彩的练习情境中锻炼身体。实践中借鉴笔者参与编写的全国学校体育联盟（教学改革）规划教材《体育趣味课课练 1260 例》，该教材有 1260 例提升学生身体素质的不同趣味练习方法，确保从小学一年级到高中三年级都有不重样的练习方法。课题组选取了生活中常见的 400 例经典练习项目进行实践，如踢房子、斗鸡、打陀螺、过山羊等大家都熟悉的项目，并要求教师在每堂体育课用 10 分钟左右的时间带领学生进行趣味练习。通过一年的实践，调查发现，喜欢上体育课的学生增加了 7%，喜欢体育运动的学生增加了 13%。从而实现了帮助学生在体育锻炼中享受乐趣的目标，使学生内心更加阳光，心理更加健康，达到了养心的目的。

3. 尊重生态，让学生在教会、勤练、常赛中学会合作与竞争

"三养"教育强调实践养德。尊重生态，是实现人与自我、人与自然、人与社会"三位一体"身心德和谐发展的重要途径。体育不仅"育身""育心"，还是"育德"的重要手段。体育学科不同于语数英等文化课程以语言文字为主要教学传播手段，体育学科是以身体练习为主要手段的学科，通过体育活动增强体质、学会技能、培养品德。学生在比赛中磨炼意志，学会遵守规则、学会合作、学会竞争，学会正确面对输赢。

尊重"生态"的体育教学，应该让学生融于体育活动的生态中，而不是没有体育比赛的"灌输式"教学。

在"教会、勤练、常赛"的教学过程中，体育能培养学生互帮互助的团队精神、吃苦耐劳的意志品质，以及集体荣誉感、规则意识、正确的胜负观。课题组为实现体育生态下的"教会、勤练、常赛"目标，实施了体育走班制教学改革。通过体育走班制教学改革，各校园课间篮球场上，打篮球的学生平均增加了15.6倍；足球场上，踢足球的学生增加了17.3倍。实施体育走班制教学改革后，学生主动参与到自己喜欢的运动项目中，在"教会、勤练、常赛"中增强了体质，达到了"养生"目的；所学、所练、所赛都是学生喜爱的项目，学生享受了乐趣，达到了"养心"目的；常赛机制让学生在比赛中磨炼了意志，场上学生学会了遵守规则，场下学生学会了正确观看比赛，提高了道德水平，达到了"养德"目的。

尊重生命的"生命"课程、尊重生活的趣味"课课练"课程、尊重生态的体育走班制教学课程，基本实现了三位一体的"三养"教育理念。在课题研究过程中，也还存在诸多问题，需要在改革行动中不断更新理念，创造价值，帮助我国青少年身体健康、心理健康和思想品德得到更好的发展。

《义务教育体育与健康课程标准（2022 年版）》解读

2022 年 3 月，《义务教育课程方案（2022 年版）》和各学科课程标准（2022 年版）发布以来，各地区都组织了学习。

作为一线体育教师，笔者研读了《义务教育体育与健康课程标准（2022 年版）》，聆听了数位课标修订组专家的讲座，现从"核心素养""教会、勤练、常赛""大单元教学""健康教育""跨学科教学""学业质量评价"等方面谈谈自己对新体育课程标准的理解，以期为一线体育教师在具体课堂教学中落实新体育课程标准理念提供一定的参考。

一、健康教育篇

2011 年版课程标准的课程内容是按水平、领域设置的，分四个水平，每个水平里设置运动参与、运动技能、身体健康、心理健康和社会适应四个部分。

2022 年版课程标准的课程内容是按照基本运动技能、体能、健康教育、专项运动技能、跨学科主题学习五个知识点设置的，每个知识点按水平设置教学内容。

从两个课标的对比不难看出，健康教育变成了独立板块。2022 年版健康教育部分的内容，指向更加明确，分类更加科学，它包括健康行为与生活方式、生长发育与青春期保健、心理健康、疾病预防与突发公共卫生事件应对、安全应急与避险五个领域，主要帮助学生逐步养成健康与安全的行为习惯和生活态度。

1.《义务教育体育与健康课程标准（2022 年版）》对健康教育的要求

（1）课时要求

2022 年版课程标准中明确要求，学校必须保证规定课时的健康教育。

2021 年教育部等五部门印发的《关于全面加强和改进新时代学校卫生与健康教育工作的意见》中提出，落实各学段健康教育时间，中小学校每学期应在体育与健康课程总课时中安排 4 个健康教育课时。

（2）目标要求

《义务教育体育与健康课程标准（2022 年版）》对各水平的目标要求如下：

达到水平一目标要求

【内容要求】

（1）知道适量饮水的重要性，知道瓜果蔬菜需要清洗干净才能烹调或入口食用，了解常见食物的种类，了解偏食、挑食、暴饮暴食的危害，了解基本的餐桌礼仪。

（2）保持卫生，勤洗手，勤洗澡，勤刷牙，勤剪指甲，勤换衣服；不咬手指，不随地吐痰，文明如厕；知道公共场所咳嗽、打喷嚏时遮掩口鼻，患有流行性感冒等传染性呼吸道疾病时戴口罩；知道接种疫苗的注意事项和请病假的程序。

（3）知道体育锻炼有益健康，经常参与户外运动或游戏；知道基本的运动安全知识和方法；伏案学习时保持坐姿端正，行走时身姿挺拔，关注自己的体重。

（4）知道眼睛的重要性和保护视力的常用方法，树立爱眼意识，预防眼外伤；知道视力异常的症状和正确配戴眼镜的方法，能做到定期检查视力。

（5）知道生命孕育的过程、人体主要器官的名称及功能、男女生的生理差异。

（6）知道积极情绪有益健康，能识别、表达情绪，能与他人沟通交流。

（7）知道受伤外出血时及时止血的方法，知道预防溺水的知识和基本的自救方法，知道被常见动物蜇伤、咬伤或抓伤后的简单处理方法，知道遇到意外伤病时拨打急救电话。

【学业要求】

（1）说出体育锻炼对健康的益处，并参与户外运动或游戏，愿意与同伴交往，尽量避免可能存在的安全隐患。

（2）适量饮水，不食用不健康的食物，做到不偏食、不挑食、不暴饮暴食，用餐时注意基本的餐桌礼仪；讲究个人和环境卫生；保证充足睡眠时间；保持正确的坐、立、行和读写姿势；合理使用电子产品，读写时正确使用灯光，正确做眼保健操；能说出生命孕育的过程、人体主要器官的名称及功能、男女生的生理差异；配合预防接种，能按规定程序请病假。

（3）受伤外出血时能及时止血，懂得溺水时基本的自救方法，被动物蜇伤、咬伤或抓伤后能进行简单处理，遇到意外伤病时能拨打急救电话；表现出积极的情绪，初步适应体育活动环境和学习环境。

【教学提示】

（1）设置不同的场景，引导学生开展学习活动，如指导学生看图或视频说出餐桌上哪些行为不礼貌、如何保护视力等，培养学生在活动中获取多方面知识的能力。

（2）注重体验式教学，引导学生在实践活动中学习健康知识。例如：指导学生调查了解家庭成员的饮食习惯，使学生懂得不偏食、不挑食、不暴饮暴食；指导学生设计板报，宣传正确坐姿、健康饮水饮食、游戏中的安全注意事项等，培养学生的动手能力和实践能力。

（3）注意将内容的知识性与趣味性有机结合，采用通俗易懂、直观形象的教学方法，如通过儿歌、图画、游戏、故事、表演等激发学生的学习兴趣。

（4）注重将教学与学生的认知水平和生活经验相结合，可以从日常生活中的事例导入，也可以让家长参与健康教育教学，提升学生的学习效果。

达到水平二目标要求

【内容要求】

（1）了解健康食品和饮料的种类及成分，知道碳酸饮料对身体健康可能造成的危害。

（2）了解吸烟、被动吸烟的危害，拒绝吸烟并抵制二手烟，发现周围有人吸烟时能进行劝阻。

（3）了解参与体育锻炼、充足睡眠、合理膳食对生长发育和身心健康的益处；知道自身身体状况，参加适合的体育锻炼，选择合理的运动负荷。

（4）了解近视的成因和科学矫正视力的方法，知道户外运动对预防近视的作用。

（5）了解生长突增、第一性征、第二性征的概念和意义，以及青春期身体的各种变化，知道运动和日常交往中的身体边界，学会保护自己的身体不受侵犯。

（6）掌握一些情绪调控方法，能积极同他人交流与合作。

（7）了解体育与健康课上和课外体育活动中常见的运动伤病及简单处理方法，如割伤、刺伤、擦伤、挫伤、扭伤、冻伤和中暑的预防及简单处理方法。

【学业要求】

（1）说出参与体育活动的益处，积极参与体育锻炼；能列举体育活动和比赛中的安全注意事项，表现出主动规避运动伤害和危险的意识与行为；发生运动伤病时能进行简单处理。

（2）识别并且避免食用"三无产品"，合理饮用饮料；能列举吸烟的危害，拒绝吸烟并抵制二手烟；注意用眼卫生，能识别近视症状，并运用科学的方法预防近视和矫正视力。

（3）接受青春期的身体变化并注意保健，能说出促进人体生长发育的主要因素并在生活中加以运用；表现出调控情绪的意识，适应体育运动环境和学习环境。

【教学提示】

（1）创设不同的生活情境，引导学生积极开展学习活动，如让学生给亲友讲解碳酸饮料对健康的危害，劝自己的家长戒烟，在他人吸烟时通过言行劝阻，抵制二手烟等。

（2）注重引导学生开展实践调查和讨论式学习，结合实践调查结果讨论饮食卫生、睡眠等方面的不健康行为，检查自己的相关行为是否符合健康要求，并探索改进的方法等。

（3）将知识性和趣味性有机结合，如结合学生的认知水平和生活经验，采用形象生动的教学方法，激发学生的学习兴趣，提高学生主动学习的积极性。

达到水平三目标要求

【内容要求】

（1）理解一日三餐的营养要求与作用、合理膳食的意义，以及营养均衡和饮食多样化的益处，知道适当运动有利于食物的消化和营养的吸收。

（2）理解饮酒对健康和生长发育的影响、毒品的常见种类和危害。

（3）理解健康和常见疾病的概念、影响健康的因素及定期体检的必要性；理解正常体重、超重、肥胖和体重不足的概念，以及超重、肥胖与健康问题的关系；了解保持正常体重的方法。

（4）理解视力不良对自身生活质量等方面的影响。

（5）描述青春期生理与心理的变化，具有预防运动过程中性骚扰的意识和行为。

（6）掌握并运用一些情绪调控方法，主动同他人交流与合作。

（7）理解科学锻炼的注意事项，知道骨折和心肺复苏的处理原则与正确处理方法，如固定骨折部位、搬运骨折患者的方法及心肺复苏的操作步骤。

【学业要求】

（1）认同体育锻炼是健康生活方式的重要组成部分，通过有规律的科学锻炼保持正常体重，促进生长发育，能在运动中保护自己。

（2）平衡膳食，做到饮食多样；拒绝饮酒，远离毒品；接受青春期生理与心理的各种变化；通过户外运动缓解眼疲劳，预防近视的发生或发展；向家庭成员讲解定期体检的必要性。

（3）知道骨折后要正确固定相关部位，不能强行搬运患者；能根据伤情的轻重和周围环境进行搬运处置；掌握实施心肺复苏的简单方法；保持情绪稳定，能适应自然环境和社会环境。

【教学提示】

（1）根据生活实际，引导学生主动开展学习活动，如从营养、锻炼等角度调控自己的体重等，提高学生综合运用知识的能力。

（2）重视调研活动，引导学生开展自主学习和合作学习，如查阅网络、报刊中相关的资料和报道，调查家人和朋友日常生活中饮食、作息、运动等方面的行为习惯，收集酗酒、吸毒等对健康造成危害的一些实例，并在讨论的基础上设计以健康教育为主题的板报等，提高学生的探究意识和实践能力。

（3）注重采用多种教学方式，通过课堂讲授、演讲汇报、交流研讨、健康主题日活动、外出参观学习等方式或途径，促进学生获取健康教育的知识和方法，养成健康行为。

达到水平四目标要求

【内容要求】

（1）分析和评估影响健康的因素；了解我国关于控烟、限酒、反兴奋剂、禁毒的法律法规。

（2）理解肥胖的概念、危害、致因，掌握科学评价和管理体重的方法，以及预防脊柱侧弯的方法。

（3）分析视力不良对职业发展的影响。

（4）掌握体育运动中体温、脉搏等的自我测评和监控方法，以及与同伴交流合作的方法等；理解体育运动对促进大脑健康、调控情绪、释放压力、预防焦虑和抑郁的作用。

（5）理解性骚扰的危害，提高预防性骚扰的意识和能力。

（6）理解常规体检的具体项目、指标、意义和常见疾病的症状，掌握各种常见疾病的预防方法。

（7）掌握预防运动伤病的知识与技能、溺水自救和配合他救的方法，掌握在踩踏事故、火灾、地震、海啸等突发事件中的自我保护和逃生技能，以及重污染天气中的户外防护方法。

【学业要求】

（1）体育锻炼时能进行自我监控，预防运动伤病和性骚扰，调控情绪、缓解压力、应对挫折，预防焦虑和抑郁；具有合作意识和能力。

（2）养成良好的卫生习惯，建立公共卫生意识；定期参加常规体检；科学用脑，劳逸结合，形成健康的生活方式。

（3）在发生各类自然灾害和公共安全事件时能自我保护、逃生和求助，溺水时能积极自救和配合他救，提高对各种突发事件的应变能力。

【教学提示】

（1）重视课内与课外有机结合，如引导学生向亲友讲述控烟、反兴奋剂、禁毒的相关法律法规及肥胖的危害和致因，模拟演示安全简单的止血方法、溺水自救和配合他救的方法，用身体质量指数（BMI）测评自己和家庭成员的体重等，提高学生的实践操作能力。

（2）开展探究学习，引导学生独立思考、研讨和实践体验，探索适合自己的释放压力、缓解焦虑的有效方法，制订预防肥胖或营养不良的方案等，培养学生分析问题和解决问题的能力。

（3）积极开发和利用健康教育课程资源，如应用健康教育的课件、图文资料、音像制品等进行教学，组织学生参与各类健康教育活动、参观健康教育主题展览，邀请家长或社会专业人士走进健康教育课堂等，提升教学效果，加深学生对身心健康的理解。

2. 学校该怎么做

（1）按课标要求完成 4 课时的健康教育

按要求完成 4 课时的课堂健康教育教学，如果没有独立的课时安排，健康教育要求就会形同虚设，很难保障。2022 年版课程标准中的健康教育教学内容已非常明确，体育教师应根据健康教育目标要求，每学期备好 4 课时的课，按计划上好健康教育课，落实国家健康教育的要求。

（2）联系相关内容综合学习健康教育知识

除了独立的 4 课时健康教育，还应利用室外体育课的时间进行健康教育。在不影响体育课教学质量的情况下，每节课利用 3~5 分钟的时间，教授一些与该节课内容相关的健康教育方面的知识、技能，如篮球运动后的公共卫生健康、学习体操技巧动作时的健康与安全保护行为等。

（3）注重评价方式，增强健康知识学习效果

检验学习效果的好坏，需要一定的评价方式。2022 年版课程标准的理念要求，不仅注重"教了什么"，还要注重"学了什么"。学生的身体素质情况可以通过学生体质健康测试成绩反馈。而健康教育知识的掌握情况可以通过纸笔考试来检验。除了期末进行纸笔考试外，平时也可以采用口头测试、上台展示等方式进行检验，注重过程性评价和终结性评价的结合。

二、大单元教学篇

（一）对大单元教学的理解

"大单元教学"是《义务教育体育与健康课程标准（2022 年版）》课程实施中提出的，在编制课程计划时要"设计专项运动技能的大单元

教学"。

大单元教学，是指对某个运动项目或项目组合进行 18 课时相对系统和完整的教学。同时，要加强课内外的有机结合，通过较长时间的连续学练，促进学生掌握所学运动技能。要避免把一个完整的运动项目割裂开来断断续续实施教学，或在一个时间段内教授不同项目，如第一节课教排球的垫球技术，第二节课教篮球的原地运球，第三节课教武术的马步冲拳等等，导致运动技能学习的负迁移。大单元教学既能使学生掌握所学项目的运动技能，又能加深学生对该项运动的完整体验和理解。如何理解大单元教学呢？

1. 从整体内容上理解

大单元教学可以对学科教学单元内容进行整体设计和系统开发，不是仅考虑"专项运动技能"的学习，而是涵盖整个教学内容。这对一线教师的教学科研能力和教育教学能力要求非常之高，是体育与健康学科不断追求和探索的领域。

2. 从阶段任务上理解

大单元教学可以以项目制、主题任务、活动等方式进行。可以将大单元理解为大项目、大主题、大任务的长时间活动。体育教师可以根据自己擅长的运动专业技能，将教学内容迅速组织成有相互关联的若干单元。这种方式能让体育教师迅速开展工作，起到立竿见影的效果。

（二）对大单元教学的建议

1. 从擅长着手

从整体内容上理解大单元教学，是对课标实施的更高要求。2022 年版课程标准中，"大单元教学"一共出现了 3 次，都在第六章的"设计专项运动技能"部分。这说明大单元教学主要是针对"专项运动技能"。

作为一线体育教师，在不改变原有上课形式、教学方式的前提下，只调整教学内容是相对容易的。笔者建议体育教师一学期用一半左右的课时，教自己擅长的专业，进行专项运动技能的大单元教学。这样有几个好处。第一，确保教学内容的完整性。足够的课时，能保障专项运动技能的系统教学，能有效保障学生掌握所学内容。第二，确保教学的有效性。体育教师教自己擅长的专项运动技能，既能发挥教师的长处，减轻教师教育教学的负担，也能让学生更加崇拜和喜欢这样"高水平"的教师，从而大大提高教学的有效性。第三，确保教学水平的发展性。教师长期在一个专项上不断教育教学，能促使教师的专业水平不断进步，教育教学水平不断提高。第四，确保教学过程的完整性。教自己擅长的专业，让教学目标更加明确，教学过程更加完整。

2. 要结合实际

课标中提到要有选择性地教学，在三至六年级，体育教师主要根据学生的兴趣爱好从六类专项运动技能中各选择至少一个运动项目进行教学，原则上每学期指导学生学练两个不同的运动项目；在七至八年级，体育教师应根据学生的兴趣爱好从六类专项运动技能的四类中各选择一个运动项目进行教学，其中必须包括中华传统体育类运动项目，原则上一个学期指导学生学一个运动项目；在九年级，学校可以让学生根据兴趣爱好，自主选择一个运动项目进行为期一年的学习，保证学生初中毕业时掌握 1~2 项运动技能。

这与大单元教学有什么关系？选项教学需要依托大单元教学完成，是大单元教学的更高要求。大单元教学只需优化教学内容结构，而让学生根据兴趣爱好进行选项教学，需要改变上课形式。

教师如何让学生根据兴趣爱好进行选项教学呢？这需要实施体育走班制教学，将同一年级的体育课排在同一时间，上课时打破行政班级，由学生自主选择学习项目，按专项授课。

实行体育走班制教学，并不是某一名体育教师能解决的事，这需要学校的大力支持，不仅仅是课程实施，还需要解决师资、场地、器材等相关问题。体育走班制教学有利于促进学校开创"一校多品"、多学段一体化发展的体育新局面。

3. 进行整体设计和系统开发

对学科教学单元内容进行整体设计和系统开发始终是体育教师的目标。体育教师不能停留在孤立的专项运动技能大单元教学之中，而要思考核心素养的培养问题，还要思考专项运动技能与基本运动技能、体能、健康教育以及跨学科主题学习之间的关系。

三、核心素养篇

2016 年，教育部公布了《中国学生发展核心素养》；2017 年，核心素养被写入普通高中各学科课程标准（2017 年版）；2022 年，核心素养被写入义务教育各学科课程标准（2022 年版），至此，核心素养实现了从小学到高中的一体化贯彻。

1. 为什么要强调核心素养的培养？

核心素养是指学生应具备的，能够适应终身发展和社会发展需要的必备品格和关键能力。只有深刻理解了核心素养，才能落实好党的教育方针。

2. 体育与健康课程要培养的核心素养是什么？

2022 年版课程标准提出，体育与健康课程要培养的核心素养，主要是指学生通过较长时间的体育与健康课程的学习而逐步形成的正确价值观、必备品格和关键能力，包括运动能力、健康行为和体育品德等方面。

运动能力是指学生在参与体育运动过程中所表现出来的综合能力。它包括体能状况、运动认知和技战术运用、体育展示或比赛三个维度，主要体现在对基本运动技能、体能、专项运动技能的掌握与运用。

健康行为是指学生增进身心健康和积极适应外部环境的综合表现。健康行为包括体育锻炼意识与习惯、健康知识与技能的掌握和运用、情绪调控、环境适应四个维度。它主要体现在养成良好的锻炼、饮食、用眼、作息和卫生习惯，树立安全意识，控制体重，远离不良嗜好，预防运动损伤和疾病，消除运动疲劳，保持良好心态，适应自然和社会环境等。

体育品德是指学生在体育运动中应当遵循的行为规范和体育伦理，以及形成的价值追求和精神风貌。体育品德包括体育精神、体育道德和体育品格三个维度。体育精神主要体现在积极进取、勇敢顽强、不怕困难、坚持到底、团队精神等；体育道德主要体现在遵守规则、尊重裁判、尊重对手、诚信自律、公平竞争等；体育品格主要体现在自尊自信、文明礼貌、责任意识、正确的胜负观等。

核心素养的上述三个方面密切联系，相互影响，在体育与健康教育教学过程中得以全面发展，并在解决复杂情境的实际问题过程中整体发挥作用。

3. 体育与健康课程怎样培养核心素养？

首先要紧扣核心素养主题，设计课程实施计划要放弃过去"知识点＋课时"的教学方式，围绕培养目标，学会整合教学资源，把握大单元教学。此时的"知识点＋课时"只是大单元教学中的组成部分或过程性内容。

其次要制定课程评价标准，促进学生核心素养的形成。学业质量是学生在完成体育与健康课程某一水平学习后的学业成就表现，是以核心素养为主要维度，结合体育与健康课程内容，对学生学业成就具体表现特征的整体刻画，以反映课程目标的达成度。

最后是要增强教师主体意识，贯彻执行课程标准。体育教师应注重提高自身的专业素养，增强主体意识。体育教师应利用各种丰富的资源，加强学习，提高自己的教育教学能力，从而有效贯彻落实课程标准。理解了核心素养的内涵，有助于体育教师更好地教育教学，在实施大单元教学、走班制教学等教学改革时，就不会偏离方向。

四、教会、勤练、常赛篇

落实"教会、勤练、常赛"是课程理念中新增的内容。《义务教育体育与健康课程标准（2022年版）》指出，体育与健康课程依据学生的学习需求和兴趣爱好，面向全体学生，落实"教会、勤练、常赛"要求，注重"学、练、赛"一体化教学。因此，体育教师应坚持课内外有机结合，指导学生学会基本运动技能、体能和专项运动技能，提供更多时间让学生进行练习，巩固和运用所学运动知识与技能，参与形式多样的展示或比赛。体育教师要激发学生参与运动的兴趣，让学生体验运动的魅力，领悟体育的意义，发扬刻苦学练的精神，逐渐养成"每天校内锻炼1小时、校外锻炼1小时"的习惯。

1. 为什么要落实"教会、勤练、常赛"？

落实"教会、勤练、常赛"，是解决过去体育课上"体育技能没教会""健康知识没有教""身体素质练不好""体育技能不会用"等问题的关键所在。落实"教会、勤练、常赛"理念，是落实体育与健康学科课程目标的重要抓手，也是提升体育与健康学科课程"地位"的基本途径。

2. "教会、勤练、常赛"的内涵

从国家文件到地方教师都在提"教会、勤练、常赛"，究竟什么是"教会、勤练、常赛"？

教会：教会要做到三个递进，即理解、掌握、能用。教会的目的是让学生在理解和掌握知识与技能的前提下会用。特别是教专项运动技能时，不能把教会"单一技术"等同于教会了专项运动技能。如教会学生篮球的运球，可学生在比赛场上却不会运球。2022年版课程标准中提出的大单元教学、技能选项教学等，就是为了解决"教会"问题。

勤练：勤练要做到多练和练好。首先，要确保练习时间，要有量的保障，才能达到锻炼的目的。国家要求学生每天校内外各锻炼1小时，从实际来看，落实校内锻炼1小时更具有现实意义。其次，要确保练习质量。练习动作的质量，关系到学生的健康成长，正确的练习动作能有效避免运动损伤。

常赛：常赛要做到常态化和常规化。首先，要深度认识"赛"。从发展来讲，正式比赛是从游戏发展而来的，如果认定体育中的正式比赛才是"赛"，那"常赛"将变得难以实现。"赛"包含与运动技术相结合的游戏、规则简化的赛、难度降低的赛等。这样才能让"赛"在课内外常态化开展。其次，要建立"常赛"机制，确保经常有赛事，人人能参与。课课赛体现激励性，层层赛强调选拔性，要充分发挥"以赛导学""以赛代练""以赛促评"的功能。

理解了"教会、勤练、常赛"的内涵，有助于体育教师更好地教育教学，在实施大单元教学、走班制教学等教学改革时，就不会偏离方向。

体育课程标准之我见

《义务教育体育与健康课程标准（2022 年版）》明确指出，体育与健康课程的教学目标是通过体育与健康课程的学习，学生能掌握与运用体能与运动技能，提高运动能力；学会运用健康与安全的知识和技能，形成健康的生活方式；积极参与体育运动，养成良好的体育品德。就内容而言，该课程分为基本运动技能、体能、健康教育、专项运动技能和跨学科主题学习五个方面。笔者结合自身的体育教学实践，谈谈对课程标准的理解与认识。

一、为何没有统一的教材？

相对于其他学科而言，体育是一门没有固定教材的学科，即便有的地方编写了地方教材，但大多也只是选择性的参考教材，不是成套的体育教材。

为何没有统一的体育教材？因为地域不同、气候不同、锻炼方式不同、学生体质不同、生活习惯不同、风俗民情不同、经济发展情况不同，很难统一教材。

2018—2019 年，笔者走访了全国各地两三百所学校。有设有地下运动馆、室内游泳馆、击剑馆等体育场馆设施，配备齐全的现代化学校；也有地面坑坑洼洼的黄土操场、操场上还能看到高高低低的杂草的学校。这么大的差距，如果统一教材要求开设游泳课，没有条件的学校就完不成教学任务了。

二、没有统一的教材，如何上好体育课？

1. 抓身体素质练习的窗口期

课标对各阶段的学习是有要求的。如水平一在全面发展体能与健身能力中的学习目标是初步发展柔韧性、灵敏性和平衡能力。如果体育教师不了解身体素质发展窗口期这个知识点，就很容易忽视这一内容。柔韧性、灵敏性、平衡能力是这一阶段要练习的关键素质。如果在窗口期没有练习到位，就会影响学生的一生。对于大多数一年级学生来说，通过4~6次柔韧性练习课，就能劈下横叉和纵叉。若推迟到水平三、水平四时再练习柔韧性，效果就没这么好了。

2. 抓一项技能重点学习

技能学习不能浅尝辄止。建议体育教师用一半以上的课时，教自己擅长的专业，使学生在学校里学好一项运动技能，为终身体育打下基础。很多学生觉得体育无趣，无趣是因为不会，学生没有能力参与，没有机会体验运动带来的乐趣。学生学会了运动技能，才能体验到运动带来的乐趣。

3. 抓学生体质健康水平的提升

体质健康水平的提升关键讲究均衡发展。抓身体素质练习的窗口期和技能学习不等同于抓学生体质健康。抓身体素质练习的窗口期是在一个阶段抓某些素质的发展，抓技能学习也会偏向于某几项身体素质的发展。经常学习健美操的学生，柔韧性素质较好，但力量素质相对偏弱；经常练习足球的学生，力量、速度素质较好，但柔韧性素质相对较弱。要提升学生体质健康水平就要查漏补缺，如学习足球技能的学生可以补充一些柔韧性素质练习，学习健美操的学生可以补充力量素质练习。体育教师可根据班级整体水平进行教学设计，以便更精准、更全面地提升学生身体素质。

4. 抓体育课堂乐趣体验

习近平主席在2018年全国教育大会上提出，要帮助学生在体育锻炼中享受乐趣。什么是乐趣？乐趣是一种感受快乐的体验。怎样才能让学生感受到这种快乐？快乐是相对的，就如同没有饥饿感，就很难感受到食物的美味。完整的体育课应该有教、练、赛三个环节。只有教和练，就只会让学生感受到痛苦和无趣，没法收获成功的喜悦。学了一项技能，就应该组织相应的比赛，帮助学生体验学习带来的乐趣。如学了跳绳，可以组织 1 分钟跳绳比赛；学了篮球单手肩上投篮动作，可以组织定点投篮比赛。教、练、赛三者的统一，让学生能看到自己的成长，在体育锻炼中享受乐趣。

5. 抓学生体育精神培养

体育精神的培养要注重合作。足球、篮球、排球三大球之所以这么有魅力，是因为这些项目把团队精神体现得淋漓尽致。体育精神的培养要注重规则意识。体育教会孩子如何在规则下赢，又如何有尊严和体面地输。这句话最好地诠释了体育的育人价值。那么如何培养规则意识？首先，从体育教师严格要求自己做起，然后才是给学生立规矩。一个上课经常迟到的教师要求学生要按时上课，这是典型的官僚主义。一名体育教师的站姿决定了他的育人高度。育生先育己，像军人一样的站姿，是学生最好的榜样，这会像一面旗帜一样影响学生的一生。

体育大单元教学策略

体育大单元教学并非新概念。1994 年，毛振明教授在《"大单元教学"——体育教学改革的突破口》一文中对当时普遍存在的 4~5 个学时的小单元体育教学及其存在的问题进行了说明，并就体育大单元教学的概念、含义及实施办法进行了阐述。

《义务教育体育与健康课程标准（2022 年版）》（以下简称《课程标准》)发布后，体育大单元教学成了体育教师讨论的新热点。《课程标准》明确提出，大单元教学是指对某个运动项目或项目组合进行 18 课时及以上相对系统和完整的教学。

习惯了小单元教学的体育教师，对于大单元教学仍心存疑虑。不少学者将"18 课时"当成了大单元教学的课时标准。这容易让一线体育教师产生误解，将"18 课时"等同于大单元教学。

一、体育教学中的大单元与小单元

什么是体育大单元教学？将某个运动项目或项目组合上 18 课时就是体育大单元教学吗？显然不是。毛振明教授在《解说"体育大单元教学"》一文中进行了详细阐释。

要理解体育大单元教学，首先要了解什么是单元教学。单元教学是各个学科教学中都有的概念，如英语的"将来完成时单元"，数学的"数的整除单元"，生物的"昆虫的分类单元"，等等。单元教学内容，是能够与其他内容区分开的、相对成体系的教学内容，单元教学是对这个相对独立的内容进行教学的过程。依照其他学科单元教学的概念，体育单元教学可以是篮球单元、排球单元、健美操单元、快速跑单元、鱼跃前滚翻单元等等。

知晓了单元教学，那什么是大单元教学？既然有大单元教学，那么什么是小单元教学？毛振明教授表示，单元教学的"大"与"小"和"所教运动项目的技战术内容范围和习得难度"有内在关系。如篮球项目的教学单元既可以是篮球单元，又可以是篮球的传球单元，还可以是篮球传球的双手胸前传球单元，甚至是篮球原地双手胸前传球单元。"大"与"小"具有相对性，其课时规模取决于运动项目习得的难度、教师教学的水平、课堂师生比的限制、教学思想和课程目标的设定，以及课程条件等方面的影响。

体育大单元教学应是一个相对完整（即达到了阶段性教学任务就可以告一段落）的教学过程，如篮球单元；而体育小单元教学则可能是一个不太完整（仅达到了某节课的教学任务）的教学过程，如篮球传球的双手胸前传球单元。

是不是任务教学内容都需要进行大单元教学？如健康知识大单元教学，显然不需要，这脱离了以身体活动为主要学习方式的学科本质。那需不需要几十课时的体育竞赛大单元教学？《课程标准》中提到课堂教学要做到"教会、勤练、常赛"，把比赛纳入大单元教学。但事实上，大量的"赛"会在一定程度上影响课堂的"教"，应在"教会、勤练"后进行"常赛"。

进行体育大单元教学是为了解决《课程标准》中的三个总目标之一，帮助学生掌握与运用体能和运动技能，提高运动能力，具体体现在帮助学生在义务教育阶段熟练掌握1~2项运动技能。这也是落实"教会、勤练、常赛"的课程新要求。

田径、体操等教学内容较为单一，是学生相对容易学习的项目，适合小单元教学。对于球类、冰雪类、新兴体育等教学内容较为复杂，学生需要一定周期来学习的项目，则适合大单元教学。总之，体育大单元教学应根据运动项目的不同特点等因素，确保学生在义务教育阶段熟练掌握1~2项目运动技能，而不是"固定18课时"的单元组合教学。若上完18课时的足球，接着上18课时的篮球，再接着上18课时的乒乓球，则又走上了蜻蜓点水、浅尝辄止、低级重复的老路。

二、体育大单元教学：从模仿到超越

体育大单元教学既不是 18 课时的低级重复练习，也不是 18 课时的纯运动技术的练习，更不是 18 课时的毫无逻辑且没有目标的练习。

1. 作为新手，面对新概念，可以从模仿开始

网上有大量大单元教学设计内容可以学习，拿来直接用即可，不必思考过多，更不必纠结谁的大单元是正确的。我们有这时间思考和选择，不如多花点时间，让自己和学生都动起来。留给学生的锻炼时间并不是很多，一个学期不到 20 周，其间学校有这样或那样的活动要耽误 1~2 周，加上天气、期末工作等原因又要去除 2~3 周，再加上少数学生参加或低运动量的比赛活动和测试课，又要去掉 2 周左右，能正儿八经上体育课的时间也就 13~14 周，且其前提是，学校能按照国家要求开齐开足体育课，而不是偷换概念、偷梁换柱的体育课。高年级学生一学期能在室外上 40~50 节体育课的并不多。在这里笔者有以下三点建议。

（1）一学期只选一个项目进行大单元教学

有的专家建议一个学期上 2~3 个大单元，一个单元 18 课时，一个学期正好完成。把一个学期有 18 周、每周 3 节体育课，等同于 3 个大单元课时。这种机械的算法，只会让任务完不成，变成另外一种形式的低级重复。

（2）大单元项目选择自己熟练的或学校有发展要求的内容

如果学校没有特别的要求，那就选择自己大学的主修专业进行教学，这样教师可以教得得心应手，学生学得也更加系统和专业。

（3）小单元进行配合教学

大单元教学内容是核心，占总课时的一半左右，小单元教学是补充，让整个课程变得立体和完整。如健康知识小单元、跨学科知识小单元、体育测试小单元，根据《课程标准》的要求，体育教师就能制订较好的学期和学年教学计划。

2. 已经开展大单元教学 1~2 年的教师，将进入成熟期，应学会超越

进入成熟期，不应再照搬网上的大单元教学教案。学校的校情、教师的教学水平、学生的学习情况各不相同，以及教学内容的衔接方面，形成学校的校本教材应是体育教师的追求。在这里笔者也有以下三点建议。

（1）树立长远的培养目标

毕业后，学生应该达到什么水平是体育教师要考虑的。没有这个目标，很难谈大单元的系统性，只会成为短期的体验课或长期的训练课。这个目标并不是千篇一律的，而是动态变化的。如刚起步的学校，目标应该设低一点，毕业后能在生活中参与所学的这项运动即可，而不是人人熟练掌握多项运动技能。

（2）围绕自己熟练的专项运动设计 3~4 个学期的教学内容

义务教育阶段课堂教学属于大众体育，而不是竞技体育。培养懂体育、能参与体育的学生即可，而不是人人都是能上赛场的运动员。学校体育培养的是一种健康的生活方式，因此在设计多个学期的教学内容时，不要把体育课变成运动训练课，培养学生运动能力的同时，还要注重健康生活方式以及体育品德的培养，专项教学中要有学科知识、安全保健、体育精神等内容的渗透。

（3）尝试进行体育走班制教学，实现学生可选择的大单元教学方式

大单元教学有助于教师系统教和学生学习技能，但没有照顾到学生的个体差异性，学生喜不喜欢、适不适合都没有照顾到。从三年级后，提供可选择的走班制教学，是教师和学生的共赢，同时能为学校建立梯队人才，为"一校多品"提供保障。

三、对体育大单元教学的一些误解

随着"大单元教学"写入《课程标准》，体育教育者对此教学方式的讨论就从未停歇，有积极的言论，也有反对的声音。

1. 对大单元"课时"的误解

认为大于 18 课时就等于大单元教学。《课程标准》里写得很清楚，大单元教学是指对某个运动项目或项目组合进行 18 课时及以上相对系统和完整的教学。很多人只看到"18"这个数字，却忘了大于 18 课时背后的目的。

《课程标准》紧接着写道，促进学生通过较长时间的连续学练，掌握所学的运动技能。从这里可以看出，掌握运动技能才是目的，从这个层面出发，像足球、篮球所需的运动技能，就不是 18 课时、28 课时能完全掌握的，可能需要每学年安排 48 课时进行完整教学，并要避免把完整的运动项目割裂开来断断续续地教，或在这个时间段内教授不同运动项目。

课时的多少，应根据运动项目的特点、学生的学情、教师的教学水平等因素进行综合设置，而不是将每个项目都整齐划一地规定为 18 课时。设置合理的课时是为了让学生熟练掌握运动技能。

2. 对大单元"对象"的误解

健康知识、基本运动技能、专项运动技能、跨学科知识等内容都要进行大单元教学吗？答案是否定的。4 课时左右的小单元教学方式，是传统体育课教学的常态。事实是，《课程标准》中大单元教学的内容只涉及了专项运动技能。

因此，并不是所有的教学内容都需要进行大单元教学。像健康知识、基本运动技能、跨学科知识等，进行大单元教学并不合适，会导致教学的低级重复，失去身体锻炼的学科本质。

大单元教学的对象是专项运动技能，是为了帮助学生熟练掌握 1~2 项运动技能而提出来的。

3. 对体育学科"教学内容"的误解

不少和笔者交流的教师经常提出，进行大单元教学、体育走班制教学后，"队列队形""健康知识"还要不要教的疑问。大单元教学是针对专项运动技能教学的问题，而不是针对其他教学内容，同时也不能抛弃其他教学内容。

进行大单元教学、体育走班制教学，健康知识、基本运动技能、跨学科知识等教学内容当然要教。大单元教学、体育走班制教学里的专项运动技能是整个体育与健康课程教学中的重要组成部分，但不是全部内容。

跟 Keep 一起学习教学方式

一、新课标学习之难

2022 年 3 月，教育部发布了《义务教育课程方案（2022 年版）》和义务教育各学科课程标准。新课标的出台，引起了广大教师的讨论和思考。对于没有统一教材、基本不发教材的体育学科，从某种意义上说，新课标就是教材。但是，笔者通过对上百名体育教师的调研发现，其中通读了一遍新课标的教师屈指可数，手上有这本新课标的体育教师也不多。

二、课堂教学中存在的问题

很多的体育课堂教学，还停留在采用"讲解、示范、练习、纠错、再练习"的以教师讲授为主的教学方式。一堂课，一半时间是在讲解，四分之一的时间在等待练习，剩余不到四分之一的时间才是学生活动。新课标提出，每节课群体运动密度应不低于 75%，个体运动密度应不低于 50%；每节课应达到中高运动强度，班级所有学生平均心率原则上在 140~160 次 / 分。每节课应有 10 分钟左右体现多样性、补偿性、趣味性和整合性的体能练习。笔者认为，体育教师应朝着高密度和中高强度的要求去设计课堂教学。

对于密度、强度、难度等问题，笔者认为，可以跟着 Keep 的练习方式学习。Keep 是一款手机软件，它致力于提供健身教学、跑步、骑行等运动项目的科学锻炼方式。随着信息技术的普及，教育部对信息技术进校园、进课堂都提出了具体要求。当下的体育课堂教学评价都有信息技术使用情况的评价内容。

但事实上信息技术的使用情况并不理想，表现为要么完全没有信息技术的融入，上了一学期的课，多媒体等信息技术手段一次都没用过；要么是为了信息技术而费时费力地将一体机搬到室外田径场，结果只展示了一个上课主题背景。

三、跟着 Keep 学习教学方式

笔者认为，信息技术的融入应是服务于课堂教学的。如果信息技术影响了课堂教学、浪费了教学时间，那就是不成功的融合。对此，我们可以跟着 Keep 学习教学方式。

（1）多练不是乱练而是练好

Keep 软件上的动作练习方式，主要以模仿为主，让我们能大量地跟随练习。我们的教学完全可以这样，特别是热身、课课练、放松环节，不用过多讲解，让学生跟着教师一起模仿练习即可。多练不是胡乱练习，而是专业地练习和有针对性地练习。首先是专业性，Keep 中的示范教师，其动作非常标准，让人一眼就能看明白动作的基本要求。在体育课堂教学中，很多教师总喜欢将动作分解开来讲解和示范，把简单动作复杂化，一个标准示范能解决的事，非得花 5~10 分钟讲解。其次是针对性，如 Keep 中的跑后放松练习，10 个练习动作，每个动作 20~40 秒不等，针对的是跑步中用到的主要肌群，使其都得到放松。体育课堂教学中，热身活动、"课课练"活动、放松活动都要为教学内容服务，达到科学锻炼的目的。

（2）少讲不是不讲而是讲精

有的教师说，为了达到新课标中提出的"群体运动密度应不低于75%"的目标，教师尽量不讲，带着学生多练就行。少讲不是不讲，而是让教师提高讲解的水平，把内容讲解得精准简单。如 Keep "跑后拉伸"练习的俯身左腿后侧拉伸动作，动作讲解只说了"腰背伸直向上勾脚尖，感受大腿后侧拉伸"这一句话，并没有从上到下地把所有动作都讲解一遍。通过这一句话就把动作的精髓讲清楚了，这就是讲解精准简单。这需要体育教师在教学中不断提炼和总结，而写教学反思就是一种很好的方式。学校一般要求教师写课后反思，提炼话术就是很好的反思，能让教案质量、课堂教学水平不断提升。

第四辑

活动之道

人人参与，人人出彩

举办全员运动会的优化建议

我校已经举办了多次全员运动会，积累了一些经验和教训，在此，笔者对准备召开全员运动会的学校，提出以下一些建议。

一、保证学生参与的项目数

学校举办第一次全员运动会时，应保证平均每个学生可以参加 2~3 个项目，学生参与度高，获得的成功体验感会更强，获得的成长经历也更丰富。在第二次全员运动会中，应保证平均每个学生可以参加 3~5 个项目。按照全国学校体育联盟（教学改革）的要求，在 1000 人左右的学校举办一天的全员运动会，应该保证每个学生参加 4~5 个项目。每个学生参加运动会项目的个数，是检验全员运动会质量的一个主要标准。

二、保证竞赛项目的难度

不要把全员运动会理解为过去的趣味运动会，更不能将其等同于体育节、亲子运动会之类的体育聚会，不能将全员运动会简单化和庸俗化。要设置技术含量和体能含量较高的项目，如我校设置了低年级的 60 米分组赛跑、中年级的迎面接力赛、高年级的 30 人乘 200 米接力赛、中低年级段的 800 米集体跑、高年级段的 1000 米集体跑等。还应多设置"三向拔河""最长的绳子""毛毛虫大出动""翻身越岭"等这样既有趣又能锻炼学生身体的项目。增加竞技性和体能性项目的比重，是提高全员运动会质量的关键，也是提高全员运动会趣味性的关键。全员运动会的趣味性并非源自项目的简单和平庸，而是源自学生的拼搏和激烈的竞争。

三、根据学生身体素质发展状况编排各年级的比赛项目

编排全员运动会的项目要以学生身体素质的状况为依据，这样有利于全员运动会与日常的体育教学和锻炼相结合。建议低年级以柔韧性和

平衡项目为主，如最长的绳子、仰卧起坐传球接力等；中年级以速度类比赛项目为主，如旋风跑、双人闯关等；高年级以协调性、灵敏性和力量较量类项目为主，如齐心协力向前冲、集体托大球等。

四、严格"罚分"程序，注重规则意识培养

我校在举办第一次全员运动会时，在规则意识的培养方面有所欠缺，在学生违反比赛规则时没有给予严格的罚分，也没有过多追究和惩戒，导致学生犯规现象比较多，学生可能形成"犯规违例也无所谓"的错误意识。因此，我们进行反思后，在第二次全员运动会上特别注重得分和罚分环节，在每次公布成绩时都会用"得分多少、罚分多少"来向学生宣布，学生犯规违例的现象明显减少，其背后是学生对规则的敬畏和规则意识的逐步养成。

五、对各个比赛项目的分值进行合理设置

我校第一次全员运动会中，每个比赛项目设置的分差只有 1~3 分。结果导致以很小的分差决定各个比赛队伍的胜负，显得有些不合理，大家对比赛结果也不服气。另外一所学校的全员运动会，对比赛项目的分值设置得过高，总分加起来有 1000 多分，分值太大还导致主持人在报分数时出现了几次读数错误，而且低年级学生对千以上的数字也不敏感。为此，我校第二次全员运动会将单个项目的分值设置为 10 分，罚分为 1分 / 次，比赛的总分控制在 200 分左右，取得了较好的效果。

六、加强平时的体育锻炼，让比赛更加激烈更加精彩

要把全员运动会办得精彩，就一定要使比赛激烈，要在平时注重学生身体素质的提高，注意结合"课课练"，提高学生走、跑、跳、投、爬、钻、支撑、攀登等基本能力，增强比赛的竞技效果。

七、抓好有关的环节，精心设计让运动会更加热烈感人

第一，要精选比赛的配乐，好的音乐能营造热烈的比赛氛围，激发

学生的竞争意识。根据我们的经验，要选择好听、感人和韵律感强，且与比赛项目相匹配的音乐。在编排运动会项目时，要大量收集、筛选音乐，然后按照比赛项目顺序把音乐串联起来。第二，要注重场地的设计，要巧妙地安排"入场门"和"退场门"的位置，以便充分利用场地，并确保学生安全、迅速地进场和退场。还要注意各个比赛场地、跑道与中间场地的合理使用。第三，一定要选好主持人，写好主持词，这些工作可以交给语文组教师完成，这样既可以促进学科融合，还可以让全校师生都成为全员运动会的主人。好的主持人能很好地鼓舞学生的情绪，将比赛不断带入新的高潮，也能较好地处理突发事件。第四，在比赛后期一定要留下悬念，最后三项的比赛成绩可以"隐藏"到最后由总裁判长公布，这样可以吸引学生和观众对全员运动会的持续关注。第五，在全员运动会的中间安排学校特色俱乐部、社团进行表演，一方面可以激励俱乐部和社团的学生刻苦训练，另一方面也能给全员运动会带来更多的精彩。

八、让更多的家长和社会人士参加全员运动会，形成家校社教育合力

举办全员运动会时，要尽可能多地邀请家长参与或观看，也要多邀请平时支持学校工作的社会人士到场，这是全员运动会的重要特征，也是全员运动会"全员"二字的重要含义。邀请家长和社会人士参加学校的活动有利于家校共建和校社共建工作，以形成教育合力，因此要予以特别重视。另外，举办全员运动会时，要尽量安排网络直播，以便让无法亲临现场的家长们也能观看到全员运动会的精彩。

九、发挥全员运动会对学科融合和校园文化建设的综合作用

举办全员运动会不只是学校体育组教师的事情，校长要进行全校师生动员，语文组教师可以负责会场主持和组织作文比赛，美术组教师可

以进行会场设计，音乐组教师可以负责配乐和音乐播放，班主任们可以担任裁判和检录工作，数学组教师可以进行比赛分数设计并担任计分工作，等等。这样可以促进学科融合和校园文化建设。

　　以上是笔者对全员运动会的一些经验和建议。最后还要强调一句：全员运动会的成功需要用心的设计、有效的体育教学和平时对学生的严格品行教育。全员运动会是一个伟大的转变，是一个全新的体育教育形式和内容体系，它绝不是以往简单的趣味运动会、亲子运动会和体育节，我们不应以简单的趣味运动会、亲子运动会和体育节等去误解和矮化全员运动会的思想。

全员运动会的实施策略

全员运动会，即人人都参与的运动会。它是由毛振明教授及北京师范大学体育教学改革团队、全国学校体育联盟（教学改革）和北京市学校体育联合会提倡和创新的。

笔者作为团队成员之一，曾在北京、兰州、沈阳、长沙等地的百余所学校进行过全员运动会的指导和培训。目前，上述学校的全员运动会基本做到了全员参与，但也发现了不少问题。笔者最担心的是，把全员运动会办成完全不用练习、没有教学过程的趣味运动会或是体育节。为此，笔者在此分享全员运动会的理念、原则、理想效果、规定动作等内容，供大家参考。

一、全员运动会的七大理念

1. 全员参加，有赛无类

全员运动会具有很高的参与度，要求尽最大可能让每个学生参加更多的比赛项目。学校在设计比赛项目时，设置的参赛人数应大于全校学生总人数。全员运动会有如下基本要求：学校首次举办全员运动会时，保证每个学生平均出场 3 次左右，即每个学生参加 2 个项目的比赛和 1 次展示活动。第二次开始，平均每个学生应出场 4 次左右，即每个学生参加 3 个项目的比赛和 1 次展示活动。在全员运动会中，高年级的大部分同学要担任一项裁判工作。此外，班主任、其他学科教师以及校长要和学生一起参加比赛或展示活动，做到真正意义上的"全员"。

2. 教育为先，德育渗透

全员运动会主张运动会中所有的环节都要体现教育性和规范性。在整个比赛过程中应严格执行罚分规则，对比赛过程中出现的任何投机取巧、不遵守规则、不努力履行自己职责、行为不规范及不注意安全等的表现都要"罚分"。在指导过程中，笔者发现，学校往往忽视了规则意识的渗透。在平时的练习中，都应该渗透规则意识，而不是只在比赛中才有"罚分"环节。

3. 依托教育，注重过程

全员运动会强调运动会必须是对平时体育教学工作的反馈，是对学校一年体育教学工作的总检阅，具有教学质量评比与总结的意义。学生在运动会中的卓越表现应是学生平时体育锻炼的结果，应是平时体育教育教学的结果。

4. 大集体战，趣味盎然

全员运动会既反对以往"小奥运会"式的、成人化的比赛项目设置，又反对过于简单、"拿起就能玩、玩玩就解散、什么都不练"纯趣味性的比赛，主张让学生在新颖的、大集体的、竞争性强的、具有挑战难度的比赛中享受挑战和竞争的乐趣。全员运动会很多项目的比赛人数设置在 100~200 人（一个队 30~60 人）。

5. 家校共育，社会联动

全员运动会要求学校邀请家长观摩乃至参加比赛，还主张邀请社会人士以及社区相关领导参加。家长、社会人士和社区领导的参与，有利于形成社会和家庭对学校教育的监督和反馈机制，获得家长和社会对学校教育的理解与更大支持，促进学校教育与社会教育、家庭教育的深度融合。全员运动会主张每个学生的家长都应邀参加运动会，可以通过线下现场观摩或线上观看直播的形式参与。经过调查发现，全员运动会能迅速、有效地改善家校关系，拉近学生、家长和教师之间的距离。

6. 仪式庄严，隆重热烈

全员运动会强调仪式美感，升旗仪式、校长讲话、优胜旗入场、开场操、颁发优胜旗、闭幕式、欢送舞蹈等可以将全员运动会装点得庄严、隆重、热烈、感人。全员运动会要成为学校的一个传统盛典、一个欢乐节日和一次工作检阅，就要在音乐设计、环境设计、美术设计、道具设计、教育展示、服装设计、主持词设计等方面精益求精，追求视觉、听觉等的完美结合；要发挥各学科教师的优势，打造学科大融合的盛会。

7. 文明行为，有序会场

全员运动会要求通过对比赛进行精心设计，促进学生遵守规则，养成文明行为，要求学生在集合整队时做到快、静、齐，展示良好的精神面貌，同时鼓励同学间互相爱护、互相帮助。全员运动会强调安全、整洁，要求做到"无违纪、无事故、无垃圾"，在充满教育情景的运动会中培养学生守秩序、讲文明的作风。全员运动会要求学校将运动会方案细化到每个环节、责任分工到具体的人，这样才能确保运动会的文明、安全、有序。

二、全员运动会的八大原则

1. 全员参与原则

全员参与原则是全员运动会的首要原则。要求学生全员参加，教职工全员参加，学生家长全员参加，让每个学生、每个职工、每个家长都成为学校运动会的主人。

2. 大集体性原则

全员运动会所有的项目都是大集体性项目，是几十人甚至上百人同时参加的比赛。全员运动会强调大集体竞争，要求确保所有的学生都有参加比赛的机会。如150米弯道跑，这类注重个人竞技成绩的项目，也以集体的形式比赛。一次能上百人同时比赛，让更多学生参与其中，享受着集体的力量。

3. 奖惩分明原则

所有比赛项目中都有得分和罚分的规则，比赛现场也随时有表扬、提醒和批评，清晰的规则和明确的要求贯穿整个运动会。全员运动会要求在每个比赛项目结束后进行报分，如："最长的绳子"项目，第一名红队，得分20分，犯规1次，罚1分，最终得分19分。即便是没有犯规，也要求报犯规情况，即犯规 0 次。规则意识的树立，有利于学生养成良好的行为习惯，不去触碰规则（法律）的底线，有利于培养合格的公民。

4. 中上难度原则

所有的比赛项目都要有一定的难度，都要具有挑战性。几乎所有的比赛都需要在运动会前的体育教学中加以练习。全员运动会坚决反对过于简单的比赛，以及平庸的技能和低弱的体能要求。

5. 安全原则

所有的项目必须考虑到学生的技能水平和身体素质状况，仔细斟酌每一个细节的安全问题。但也应强调，安全不是退缩和逃避，而是"安全地挑战和进取"。另外，要考虑场地和器材的安全，训练和比赛前都要检查和测验。如"三向拔河"项目，要检查绳子是否能够承受比赛人数的力量，避免拉断绳子而造成运动伤害；如"抬小猪"项目，需要检查杆子是否能承受学生的重量，避免杆子断裂造成学生摔伤。

6. 简易节约原则

全员运动会主张厉行节约，主张多利用已有的场地、运动器材和道具，主张因地制宜，力避奢华和铺张浪费。全员运动会所有的比赛项目完全可以根据学校已有体育器材进行选择和设计。如"躲避雷达"项目，只需要一根绳子、一个球袋、一个球和若干个沙包，将一个球放在球袋里，用绳子连接锁紧的球袋口，教师手持绳的另一端甩绳画圈，将若干沙包围绕教师的脚部放一圈，这样一个项目的器材就制作完成了。

7. 学生自管原则

全员运动会强调学生的自我管理和自我教育，运动会中裁判、记录、录像、器材搬运、场地整理、主持词撰写、广播播报、家长接待、嘉宾服务等工作都应让学生参与，促进学生各方面能力的提升。器材的搬运、场地的整理是全员运动会中学生需要重点参与的环节，鼓励学生自己的事情自己做、别人的事情帮着做，而不是相互推托工作。全员运动会要求每个环节都能起到育人的作用，而不是把运动会组织成简单的游戏节。

8. 项目新颖原则

全员运动会基本上不采用以往传统运动会的项目，也不主张采用社会上常见的、趣味性低的比赛项目。全员运动会的比赛项目追求奇异新潮、动感欢乐、富有挑战，还追求努力拼搏，从而逐步形成全员运动会的独特比赛项目特点与内容体系。全员运动会可以开展与运动技术相结合的项目，如篮球的交叉传球大接力；可以开展与体能相结合的项目，如锻炼学生柔韧性的项目"最长的绳子"；可以开展与传统文化相结合的项目，如舞龙舞狮。

三、全员运动会应包含的内容

1. 简短而庄严的开幕式

集合、入场，主持人介绍来宾和家长代表，升国旗、奏唱国歌，升校旗、奏唱校歌，校长讲话、运动员宣誓、裁判员宣誓，优胜旗入场（上届全员运动会的优胜队将优胜旗交还给本届全员运动会），校长宣布本届全员运动会开始。整个流程不超过 15 分钟，简短而不失仪式感。

2. 展示风采提升气氛的开场操

开场操应选择素质操、形体操、武术操、健美操、基本体操等能展现学生风采的项目，并配上优美激昂的音乐，由全体学生参加表演。

3. 展现学生素质、行如流水的比赛

比赛项目要能发展学生身体素质或技能，促使学生注重平时的练习。全员运动会要根据场地的情况，合理编排各个年级的比赛项目，要考虑比赛的节奏和氛围。

4. 展示学校体育特色的表演

学校的各类体育社团、校队，以及教师、家长、社会人士都可以在比赛过程中进行才艺展示表演。才艺展示表演的项目要合理穿插在比赛过程中。

5. 树立规则意识的及时判罚

每个比赛项目结束，可以立即宣布成绩，如"最长的绳子"项目比赛结束，裁判长立即宣布："最长的绳子项目，红队第一名，得分20分，犯规1次，罚分1分，最终得分19分。"即便是没有犯规，裁判长也应报"犯规0次"。全部比赛结束后，裁判长公布各队的总成绩和名次。

6. 具有育人价值的闭幕式

闭幕式上，校长向优胜队的代表颁发优胜旗并发表讲话。闭幕式是全员运动会的育人关键时刻，是价值观传递的最佳载体。颁发优胜旗是倡导"大集体文化"的体现。校长讲话时，也应体现育人性，应鼓励未获胜队伍，要学生加强锻炼，提升体质，学会合作，争取来年获得胜利。同时，也要表扬获胜队伍，鼓励他们继续努力，不要骄傲，争取明年再创辉煌。

7. 欢乐的全校集体舞

闭幕式结束时，全校学生参与节奏欢快、动作简单易学的校园集体舞，享受乐趣、放松身心。

四、全员运动会的理想数据

全员运动会开展得如何？以下数据可以用来衡量全员运动会的理念是否得以体现。

数据1：以一个有1000名学生的学校为例，开半天运动会，平均每名学生应该出场3次左右，每名学生至少参加2个比赛项目和1个展示项目。2000人以下的学校，一般半天完成所有比赛项目；2000人以上的学校需要1天时间完成。

数据2：每名学生的家长都应被邀请参加运动会，来校家长与学生的比例至少达到1∶1。大多数学校容易做到师生全员参与，能做到家长全员参与的学校并不多。各学校可根据本校实际情况，每次都邀请全部家长参加，也可分批次每次邀请部分家长参加。

数据 3：为期一天的全员运动会大约要设置 30 个比赛项目，其中还可穿插一些社团、校队等的表演项目，以保证每个学生能参加 3 个左右的比赛项目或表演。

数据 4：在全员运动会中，高年级学生每人要轮流担任至少 1 项比赛的裁判或志愿者。各学校可以设计 1 名教师裁判带领 1 名或多名学生助理裁判完成裁判工作。

数据 5：学生要快速地跑步进场和退场，退场时要带走身边的物品。学生进场和退场在音乐伴奏下进行，时间均不得超过 1 分钟。这意味着上一个比赛项目未结束，下一个比赛项目的人员已在入场门候场；当上一个比赛项目结束时，下一个比赛项目的人员小跑入场。

数据 6：罚分要对比赛项目有实质影响，应设置为犯规 3~5 次能影响成绩、排名。设置比赛项目分值时，要考虑罚分是否对最终成绩有影响，如项目第一名设置为 30 分，第二名设置为 20 分，第三名设置为 10 分，每犯规 1 次罚 1 分，这意味着，犯规 10 次，也不会影响第一名的排名。其改进方式，一种是将名次分差缩小，如第一名 20 分，第二名 16 分，第三名 12 分；另一种是提高罚分分数，如犯规 1 次扣 3 分。

数据 7：每个项目至少要体现学生的 1 项运动技能或 1 项身体素质。全员运动会所有的比赛项目都要有一定的难度，都要具有挑战性。

五、全员运动会的工作难点

全员运动会具有很强的创新性，有一些新的工作难点，需要在准备时和进行中加以注意和克服。

1. 学生素质的提升

全员运动会要求学生有更好的身体素质，特别是素质操中一般要有一些有难度的动作，如劈叉、倒立、叠罗汉、肩肘倒立等。

2. 开场操和结束舞的编排与练习

全员运动会要有漂亮的开场操，动作要有难度、整齐、有气势，伴奏音乐的选择要用心。全员运动会结束时，要有一个欢乐的全校集体舞，要求大家都会跳，这样能在运动会结束时达到高潮，整个校园变成一个欢乐的海洋。

3. 全员的有序组织

全员运动会要求学生、教师全员参与，还会邀请家长、社会人士参加，因此要将运动会的所有流程安排得当，并进行多次小范围排练，以保证运动会顺利举办。

4. 活动过程的安全

全员运动会的每个项目都有很多人参加，而且项目都有一定的难度，因此对学生的安全保障成为关键。

5. 特殊编队方式

全员运动会可采用"跨年级同班级编号"的编队方式进行比赛。例如，将一年级1班、二年级1班、三年级1班、四年级1班、五年级1班、六年级1班组成一个比赛团队，如取名为"蓝队"；将一年级2班、二年级2班、三年级2班、四年级2班、五年级2班、六年级2班组成一个比赛团队，如取名为"红队"；将一年级3班、二年级3班、三年级3班、四年级3班、五年级3班、六年级3班组成一个比赛团队，如取名为"黄队"，以此类推。

这样的编队方式有利于将各个年级的学生联为一体，改变"高年级不爱看低年级比赛，低年级不关心高年级比赛"、年级间相互脱节的现象，使每项比赛与每个学生都有关系，每个学生会为每项比赛加油助威。

六、小规模学校如何开展全员运动会

以下讨论的小规模学校是指一个年级只有一个班的学校。一般这样的学校主要是农村学校。通过调查体质健康测试数据发现，农村学校学生体质健康的优秀率低于城区学校，不及格率高于城区学校。这说明农村学校学生更需要提升体质健康。而且，农村学校学生参加活动的机会少，展示的机会也少，学生面对正式场合的活动，会出现胆怯、害羞、不敢展示等行为表现。

小规模学校全员运动会给孩子们带来了运动的乐趣，搭建了展示的舞台，提供了人人参与的机会。

小规模学校开展全员运动会，有两种编队方式。一是班内奇偶数分组。全校分为两支队伍，即红队和蓝队。各班学号为奇数的学生为红队，学号为偶数的学生为蓝队。这种分组确保了同水平学生能公平竞争。奇偶数分组确保了学生分组的延续性。二是水平段组合方式。如，一、四、六年级组成红队，二、三、五年级组成蓝队，这样的分组方式确保了各班级的整体性，而不是一个班级里有两支队伍。

1. 班内奇偶数分组

这种分组方式组织起来较为简单，按全员运动会流程执行就行。2 小时的全员运动会，可设置项目 20 个左右，每个学生基本能参加 3~5 个项目。

2. 水平段组合方式

这种分组方式确保了班级的完整性，有利于团队文化建设，但在组织上相对复杂，要考虑到比赛的公平性，不能一年级和二年级的学生直接比拼跑步。大多数比赛项目需要两个水平段或三个水平段的学生进行组合比赛。

小规模学校开展全员运动会的意义价值远远高于城区学校。除了人人有机会参与、人人能享受乐趣，还能给予孩子们"主角"光环，能增强孩子们的自信心，促使他们勇于拼搏。

全员运动会的"短时高效"与线上延伸

随着全员运动会的推广与普及，越来越多的学校已能很好地举办赛事，全员运动会"短时高效"的特征逐渐彰显。这种越发高效的全员运动会，体现了管理学的效率理性。但全员运动会也存在不足，表现为过程太快、项目转换过频，忽略了个体特征的彰显，忽略了小群体引发的共鸣。因此，需要在全员运动会短时高效的基础上，对赛事进行延伸。

一、"短时高效"全员运动会的推进

长沙市高新区虹桥小学自 2017 年进行体育教学改革以来，已成功举办了多届全员运动会。全员运动会打破了年级、班级的界限，将全校学生分成"红、黄、蓝"三队，即每个年级的六个班均分成三种颜色，每两个行政班组合为一个颜色单位，一至六年级分别按颜色组合成比赛团队。这样每个团队都有一至六年级的学生，人人都是运动员，大家齐心协力为团队夺分。

在计分方面，每一环节的比赛结束，立刻评出第一、二、三名，第一名的积分为 15 分，第二名的积分为 10 分，第三名的积分为 5 分，最后合计为各颜色代表队的总分；所有分数即刻呈现于公示栏，结果一目了然；最终积分最高的团队获得年度优胜旗。长沙市高新区虹桥小学全员运动会选择了集趣味性、合作性、挑战性和育人性于一体的组合项目，主要依据走班制教学课程类别，分为花样跳绳、篮球、足球、健美操及基础素质五类项目。如足球类项目有"双龙戏珠"（每两名同学一组行进间传球竞速）、"九宫格射门大赛"（在球门上方挂上 9 个分别标有数字 1~9 的方格，将球踢入方格，对应方格上的数字即为得分）、"蚂蚁搬家"（将目标圈里的球以接力方式运到自己队中）、"两人三足运球绕桩"（两名同学并排绑着彼此临近的脚踝，"三只脚"

一起协同运球）、"足球转圈圈"（全队围成一圈，仰卧用双脚腾空夹球传递至队尾）等，这些新颖有趣的比赛，让学生充分感受到运动带来的快乐。以大团队的方式组织竞赛，以流水线式的环环相扣贯穿整个赛程，短暂的一个上午，就顺畅地结束了所有赛事。

如此高效，就在于组委会在赛事的运作流程上注重比赛场地的设计。如针对性地设置"入场门"和"退场门"的位置，以便充分利用场地，并确保学生安全、迅速地进场和退场。这种快速进出的跑动，加快了全员运动会的整体节奏和进程。同时，合理利用各个比赛场地、跑道与中间场地，就像流水线一样运作，高效流畅。比赛紧凑体现出"短时高效"，精心组织做到了"短时高效"。

在赛事保障方面，借用现代化信息技术为支撑的智慧设备，简化了赛事评判，也促成了赛事运行的高效。以跳绳项目为例，120人的1分钟跳绳计数赛，所有选手的每一次跳跃，其数目立刻显示在一体机屏幕上，及时、精准、直观、高效。大屏幕上不断攀升的数据，记录着学生们的即刻成绩。跳绳比赛中使用的智慧跳绳系统，让现场的学生沉浸于相互竞争中，也让观看比赛的学生不断惊叹于纪录的突破。准确、客观、实时的数据反馈，让赛事趋于自动化。

但是在一个不断追求管理效率的场域中，我们的习惯、思维方式都被效率化所主宰，一切都向效率看齐，这反而让运动会只剩下比赛，局限于运动能力的展示，淡漠了教育的浸润性。

二、全员运动会的线上延伸

快节奏的全员运动会，使学生浮于流动之中而无暇顾他，因此需要寻找一条延伸的路径。

长沙高新区虹桥小学的解决之道是，让全员运动会回归初心。长沙高新区虹桥小学在立德树人的情境熏陶和教育实践的基础上，开发社会资源，通过"互联网+"，使全员运动会在网络中延续，以达成运动会空间的延伸、时间的延伸、情感的延伸和教育的延伸。

（一）空间的延伸

线上延伸打破了场地限制，因此可以容纳更大规模、更多元的对象，拓展赛事空间。长沙高新区虹桥小学拥有 1700 多名学生，却只有一个周长 200 米的运动场，四周没有看台。赛场没有观众，学生看不到同伴的表现，通过线上串联运动场内外，让没有比赛的同学，在教室候场，不在现场的师生，登录腾讯会议室，让大家通过教室大屏幕或电脑屏幕观看比赛。而散落在校外的家长，也可以互联网欣赏和记录小孩的亮眼表现。

"互联网 +"的优势在于其能够跨越物理空间，形成经济、便捷和高效的虚拟空间。在有限的物理条件约束下，以在线的同步方式拓展空间，这意味着线上学生可以与线下师生进行实时的互动和情感交流。同时，全员运动会的线上传播，可以发挥学校教育与社会教育、家庭教育的纽带作用。一方面是对家长加强体育运动的提醒，另一方面也可以促使家长对孩子参与体育运动予以更多的支持，促成体育的家校社一体化格局。

（二）时间的延伸

高效紧凑的运动会，几乎让学生来不及回味；家长因为要上班，也难有机会欣赏孩子的赛场表现。现场有时间的限制性，通过线上的反复重播，全员运动会得以长时段延伸。班主任将拍摄的视频发到家长群，让学生和家长寻找各自精彩的表现，不仅让学生获得自我认同，还可以突显个性特长，满员个体的成长期盼。如长沙高新区虹桥小学全员运动会形成了一套完整的赛事礼仪，开幕式和闭幕式由动感优雅的健美操团队进行展示，比赛期间穿插跳绳、篮球、足球、健美操四大项目的运动技能展示。无人机拍摄的视频，成为学生成长中难得的阶段性记录。教育需要耐心与静心的等待，这种等待或短暂或漫长，而通过全员运动会的线上延伸，可以让学生重温比赛的慢镜头，由此主动地掌控自我教育的空间。

（三）情感的延伸

全员运动会上的每一个画面，赛事视频中留下的精彩瞬间，均饱含着强烈的情感体验。不少家长转发的运动会视频，总会引来亲朋好友的点赞，大家共享全员运动会带来的欢乐。全员运动会可以向家长展示学校体育工作之外，更大的意义在于家长能够借此了解孩子的运动能力，关注孩子的健康发育状况，从而形成亲子间良好的互动关系，为孩子的情感成长提供更加坚实的保障。教育需要以赏识为基础，学生发展需要赏识教育，即获得信任、尊重、鼓励、理解、包容和提醒的教育。学生通过线上的呈现，可以认识、接纳自己的情感张扬，也能用恰当的方式表达出自己的情感。

（四）教育的延伸

全员运动会通过线上延伸，可以充分挖掘赛事的教育性、多元化和综合性内涵，为学生提供更广的教育空间。《义务教育体育与健康课程标准（2022 年版）》，就突出实践育人，注重引导学生参与学科探究活动，开展跨学科实践，如促成跨学科的主题学习。通过线上拓展，将其他学科的知识和探索，交融于运动会的反思中，就呼应了核心素养的指向。通过全员运动会的线上延伸，教师可以挖掘其中的教育素材，作为实践育人的资源，帮助学生从行为感受中构建知识文化与思想观念。全员运动会的线上延伸，回归教育初心的呼唤，让学生在切身体验中发现问题、解决问题、建构知识、运用知识，让认识基于实践并通过实践得到提高。

三、结语

全员运动会精彩纷呈，在快节奏的展演中，辅以线上延伸，可以让学生体验"慢教育"的成长，使全员运动会成为沉浸式、延伸性的教育载体和平台，也为全员运动会带来与时俱进的活力。信息技术不是外在于教育场域的器具，而是逐步渗透到教育场域，内嵌于全员运动会之中。全员运动会的线上延伸促成了学校 – 社会 – 家庭多元互动的教育生态系统的形成。

中小学阳光体育大课间活动的问题与对策分析

阳光体育大课间是为进一步贯彻落实《中共中央 国务院关于加强青少年体育增强青少年体质的意见》和教育部关于《切实保证中小学生每天一小时校园体育活动的规定》的精神，不断提高我国青少年体质健康水平，促进学生全面发展，整体提高中小学校体育工作质量的一个项目。因工作需要，笔者近三年调研了近200所中小学的体育大课间活动情况，发现大多数学校对体育大课间活动的理解存在偏误，导致体育大课间活动没有很好地起到锻炼学生的作用。

一、时间不够

教育部文件明确要求，阳光体育大课间的活动时间为25~30分钟。但体育大课间的时间设置为30分钟，并不意味着有效活动时间是30分钟。活动时间能达到20分钟以上的学校只占少数。进退场的时间过长和活动项目设计不合理是主要原因。一是进场时间。有的学校学生从教学楼走到操场要用去10多分钟时间，然后跳两套操就结束了大课间活动，实际锻炼时间不到10分钟。二是活动项目设计不合理。各项目之间的组织过渡时间过多，如做完广播体操后分组到各场地进行素质练习，素质练习后分区域进行跑操，跑操后又回到原位进行放松练习。三是利用体育大课间进行德育活动，如班级评比、主题教育、值周情况小结等活动，占用了大课间活动时间。

零挤占是体育大课间活动的基本要求。体育大课间活动的时间应设置在25~30分钟，如果教学楼离操场较远，进退场时间长，一是可以将踏步入场改为小步跑入场；二是可以增加体育大课间的时间，确保活动时间不少于25分钟；三是合理设计路线和活动项目，减少组织的时间，增加练习时间，活动项目之间做到无缝对接。

二、参与度不够

师生参与度不够主要体现在两个方面：一是学生参与度不够。学校因场地不够，只让一部分学生在田径场进行身体锻炼，一部分学生在教室里"放羊"，同时还有一部分学生在做操时维持纪律、在跑操时做"标志杆"，失去了参与锻炼的机会。二是教师参与度不够。一部分教师完全不参与也不关心体育大课间活动，从来没有走进过操场；还有一部分教师是因为学校有要求，需要管理班级才不得不来到操场。

零旁观是全员参与的最佳状态。学生全员参与是国家的要求，无论天晴下雨，学校都要有应对策略。晴天应有项目丰富的户外锻炼活动，雨天应有全员能参与的室内操。育人育己，教师也应全员参与，既锻炼了自己的身体，又起到了育人作用，教师成为学生锻炼的伙伴。

三、育人效果不够

一些学校在体育大课间的整队过多，如学生整队、体育教师整队、教导主任整队、校长整队等。大量的时间浪费在整队上，学生像机器一样，任由管理者们"摆布"，缺乏主动意识，做什么事都不用动脑筋，这是体育大课间育人不够的主要表现。

零整队是体育大课间育人的最好路径。体育大课间活动是培养学生规则意识、自主能力、团队精神的重要方式。好的体育大课间活动应该是零整队，全程通过音乐控制，让学生自觉排队入场，听到队列音乐，自动排好队伍；听到广播体操音乐，学生开始做操；听到转场音乐，自觉把器材摆好；听到分组活动音乐，主动开始练习……教师不用每天花时间去整队，而是和学生一起参与，培养学生的自主能力。零整队、全程音乐控制，也是保障体育大课间活动时间和长期坚持的有效途径。

四、设计不够合理

一是对各类自编球操的理解不到位，没有真正理解上级部门的要求和用意，球操变成可以用任何道具代替的轻器械操。如足球操，学生从

头至尾把球拿在手中进行活动,把手中的足球换成篮球就变成了篮球操。球操真正的目的是提高学生球类项目的技能。二是各项目之间的编排不合理。如果运动强度低的项目放在中间,运动强度高的项目放在开头和结尾,既不符合人体运动规律,又影响学生下一节课的状态。

理解练习目的是保障体育大课间设计合理的关键。一是理解球类操、韵律操等项目的真正用意。球类操应由球类的技术动作组成,应能提高学生的球性;韵律操应体现出操类动作的节奏和姿态的美感,能提高学生的协调能力和节奏感;放松操应能降低学生心率和拉伸身体各个部位的肌肉,有利于身体机能的恢复。二是项目编排的强度应从低到高,再由高到低,符合人体运动规律,科学促进学生体质的增强。

五、强度不够

一些学校的 30 分钟体育大课间活动中,学生不喘气、不出汗,也不红脸。这样的大课间活动无法达到锻炼的目的。锻炼身体是大课间最核心的内容,离开这一原则的大课间活动设计,都是假大空的设计。

阳光体育大课间学生的活动要达到中等强度才有效果。如学校只有低强度的自编操,则应将自编操进行优化或加入一套有一定运动量的项目。跑操活动是最简单和实用的项目,场地要求不高,且易获得锻炼效果。对于只有操类项目的大课间活动,建议加入 5~10 分钟的跑操活动。除了跑操,还可设计强度较大的分组素质练习项目,如跳短绳、钻山洞、跑绳梯等,让大课间活动更加合理和丰富。

六、练习密度不够

学生在进行身体素质练习的环节中,可能出现排队时间长、练习机会少的情况。如迎面接力比赛项目,一个班 50 人,分成两队,只有 2 名学生在进行接力,48 名学生在等待,这样的项目设计是不合理的,练习密度不够。

提高练习密度需要智慧。密度不够是很多学校存在的现象,学校要

充分利用场地，提高练习密度。提高练习密度的方法有很多。一是增加分组。如迎面接力项目，一个班 50 个人可以分成 8 组，这样就提高了练习密度。二是增加分项。如要求完成迎面接力的学生回到队尾后进行跳短绳练习或开合跳练习等，这样既提高了练习密度，又丰富了练习的内容。三是优化项目。场地不够的学校，可以选择跳短绳和原地素质练习等对场地要求不高、锻炼效果好的项目。

七、缺乏趣味性

缺乏趣味性是很多学校阳光体育大课间活动的通病。活动内容简单重复，夏季广播体操一做就是一个学期，冬季跑操一跑就是半年，没有在项目上进行变化和创新，导致学生没有兴趣参与大课间活动。

体育大课间活动应变化多样，使学生享受运动的乐趣。大课间的活动内容有广播体操、健美操、啦啦操、自编操、跑操、校园集体舞、武术、球类活动、体育游戏、身体素质练习等项目，学校要根据场地、季节选择 3 个左右的项目进行编排，而不是只有 1 个练习项目。另外，项目要有创新，如跑步练习，不要只有迎面接力一种方式，可以是 3~5 人同握一根横杆的旋风跑、两人牵手通过不同障碍的双人闯关跑等集体类项目练习，从而提高学生的团队合作能力和大课间活动的趣味性。

总而言之，体育大课间活动需要体育教师发挥学科智慧，根据天气、学校场地、学生情况、学校特色等情况进行合理编排，从而提高学生的体质健康水平，促进学生全面发展。

体育大课间这么做，学生身体素质不会差

体育大课间实施多年来，出现了各种各样的体育活动，极大地丰富了学校体育活动的内容。学校的体育课不是每天都有，但体育大课间每天都有。每天 30 分钟的体育大课间活动，学生从教室走到户外，身心得到锻炼。然而，并不是每一位校长都知道体育大课间要怎么做。体育教师也是按照传统的套路和上级的规定，按部就班地带领学生把国编操和自编操跳好。大家的关注点更多的是动作整齐与否、学生服装统一没有、活动形式有没有创意，而忽视了体育大课间的核心问题——增强学生的体质。

以下是笔者对体育大课间的一些思考和实践，供各中小学校参考。

体育大课间的第一部分：10 分钟左右。可以做国编操、素质操或自编操，学生通过做操可以激活运动系统。

体育大课间的第二部分：10 分钟左右的身体素质专项练习。可以设置 1 分钟跳绳、1 分钟仰卧起坐、1 分钟往返跑、1 分钟俯卧撑等素质练习项目。这些项目能体现学生的速度、耐力、力量、协调性等方面的身体素质。1 分钟跳绳项目是最值得推广的项目，也是最好开展的项目。

以 1 分钟跳绳为例，在组织过程中，可以将全校学生分成 A、B 两组，A 组练习时，B 组休息并帮助 A 组同伴数跳绳次数，A、B 两组交替跳 3~5 次。

按时间练习。之所以不按个数进行跳绳练习，是因为学生的跳绳能力不同，有的学生 1 分钟可以跳 200 次，有的学生 1 分钟只能跳 20 次，若按个数进行练习会导致组织上的混乱，跳绳能力强的学生跳完了要等待跳绳能力较弱的学生，个数标准没有尊重学生的差异性。

要交替练习。分成 A、B 两组，交替跳绳，从运动生理学的角度分析，有利于学生的练习和恢复。两组交替有利于提高学生的专注力，休息的

学生专注于数跳绳的次数，练习者也因有同伴的数数，产生竞争意识，在合作中形成良好的竞争关系。

有节奏地练习。在练习时，播放节奏感强的音乐，有利于提高学生的跳绳水平。

体育大课间的第三部分：5分钟左右的放松练习。以拉伸活动为主，既可以放松，让学生的心率慢慢恢复平静，又可以提高学生的柔韧性素质。很多学校会少了这部分的练习。运动可以促进人的智力发展，但高强度的运动后直接上课，会影响下一节的课堂教学。拉伸活动可以降低心率，让大脑恢复平静；可以放松身体的肌肉群，让学生得到更好的恢复。

其余5分钟左右的时间，用于学生的进退场。进退场时间反映着学校的组织管理能力。如果体育大课间的进退场时间用去大课间活动时间的三分之一及以上，那就是不合格的大课间，也是学校管理失败的表现。

学校大课间体育活动中
要不要花样跑操

2021年4月，教育部办公厅印发《关于进一步加强中小学生体质健康管理工作的通知》，明确要求"着力保障学生校内、校外各1小时体育活动时间。全面落实大课间体育活动制度，中小学每天统一安排30分钟的大课间体育活动，每节课间应安排学生走出教室适量活动和放松"。

随着国家对学校体育工作的重视、社会对体育学科的认知改变，学校体育课、大课间体育活动开始回归正常，体育课逐渐增多，大课间体育活动基本恢复。当大众都关心学校体育工作时，学校体育工作的要求也变得越来越高。

一、大课间体育活动开展的新要求

大课间体育活动开展的新要求如下：时间上要求全程，既不能让其他课挤占大课间体育活动时间，也不能在大课间体育活动中"磨洋工"；空间上要求全域，练习场地既不能"扎堆"，也不能过于分散，影响运动效果和氛围；强度上要求能锻炼身体，既不能没有运动负荷而达不到锻炼目的，也不能负荷过大而出现安全隐患；密度上要求群体参与，既不能少数人在活动多数人在等待，也不能为了全员参与而失去运动的乐趣；难度上要求适中，既不能为了追求运动技能上的难度变成少数人的表演，也不能变成毫无难度的纯趣味活动。

二、大课间体育活动中要不要采取花样跑操

在长沙地区，"入场＋跑操＋国编操（自编操）＋特色活动＋放松操＋退场"的大课间活动方式比较常见。现在跑操已成为常态，一般要求大课间活动跑操的时间不少于8分钟。在区级大课间体育活动的评比中，跑操也出现了各种形式的创新，如跑"图案"、跑"字"的形式。

随着跑操形式的不断创新，跑操时要不要采取花样跑操就成了大家

议论的话题。

笔者认为，要不要采取花样跑操应根据需求来确定，而不是简单地肯定或否定。

1. 鼓励花样跑操的情况

（1）场地允许，能常规进行，不增加组织难度

有跑步习惯的教师应该能体会到，与单一的围绕田径场跑道跑圈比，同样的距离，围绕校园或户外的路线跑要显得更轻松和有趣。但要杜绝为了趣味而占用大量活动场地，导致其他学生没有地方活动。没有场地的学校，可以减少路线变化；场地足够的学校，可以多一些路线变化。

（2）为了学校的特殊日子或特色活动而开展

跑出复杂的图形或字，像学校 10 周年纪念日、家长开放日等特殊日子或举办特殊活动时，可以进行花样跑操。

2. 不鼓励花样跑操的情况

（1）活动场地不够

牺牲其他学生的活动空间的花样跑操是没有意义的，是不可取的。

（2）为了大课间体育活动评比而进行的一次性花样跑操

这种情况是不提倡的。从现实情况来看，跑复杂图案和字的花样跑操是很难常规化的，既浪费场地资源，又消耗教师的精力。在跑复杂的图案和字时，学生跑操的位置往往会比较集中，享受不到跑操的乐趣，只是航拍视角上好看而已。

总之，对于常态化开展的大课间体育活动，应该提倡既能增加运动乐趣又不浪费活动场地的花样跑操。

体育赛事与体育精神

一、什么是体育精神

从百度百科中可知，体育精神是体育的整体面貌、公平、公正、公开、特色及凝聚力、感染力和号召力的反映。这样的解释，看似易懂，但仍不够具体。黄莉（2007）在《体育精神的文化内涵与价值建构》一文中认为，体育精神由人本精神、英雄主义精神、公平竞争精神、团队精神四种精神构成。文章对这四种精神进行了详细的分析和说明。人本精神的价值标准是活力、优美、健康、快乐，英雄主义精神的价值标准是挑战、征服、坚强、勇敢、高超、高尚，公平竞争精神的价值标准是公正、竞争，团队精神的价值标准是合作。

体育精神绝对不是"贴标语、喊口号"的形式主义，而是落实到人的身心健康、社会适应、道德观念等方面的具体行为要求。

二、体育精神在中小学培养的难点

1. 课堂教学中的难点

首先是认知的脱节。作为学校，培养学生体育精神主要通过体育课堂和体育活动来实现。很多体育教师对"体育精神"理解得不够全面，忽视了人本主义精神（活力、优美、健康、快乐），认为英雄主义精神、公平竞争精神、团队精神才是体育精神。这导致体育课堂教学"两张皮"，帮助学生在体育锻炼中享受乐趣、增强体质是一张皮，培养学生的竞争、合作精神又是一张皮。原本一体的教学内容变得复杂、不和谐。其次是任务的繁重。体育课在不断增加，似乎有了更多时间完成教学任务，现实却是体育学科肩负着越来越多的教学任务，除了健康知识、基本运动技能、专项技能外，还有卫生、安全、国防、劳动等高度相关的跨学科教学任务。体育精神变成了课堂小结部分的几句"德育升华"话语。

2. 体育活动中的难点

体育赛事比体育课堂教学能更好地落实体育精神。体育精神的载体是体育竞赛。比赛能充分展示学生健康的体魄、运动的活力、优美的体育技艺、顽强的拼搏精神。但在体育活动中，人们往往只注重英雄主义精神，而忽视了其他精神，比赛结果成了唯一追求。例如，忽视了人本主义精神，把结果的成败归根于"裁判"，咬着裁判的一次"误判"不放；忽视了公平竞争精神，鼓励队员不择手段地赢过对方，这都是育人的反面教材。埋怨失误的队员是无法解决问题的，发挥队员各自优势、激发团队士气才能更好地成长。

对于学生，体育课堂是"小赛"，校园比赛是"中赛"，校级以上比赛是"大赛"。赛事是体现人的素养、反映人的精神全貌的载体。它不仅能反映学生的身体素质及技能水平，还能体现人的情感、意志品质、文明素养。例如，比赛处于下风时，学生继续拼搏、保持昂扬的斗志，有挽回比赛局面的决心，不埋怨队友，帮助团队凝聚士气，都是体育精神的体现，需要教师（教练）的正确引导。

三、用体育赛事激发学校活力

田径运动会和班级足球（篮球）赛是学校比较常见的体育赛事。《学校体育工作条例》明确规定，学校每学年至少举行一次以田径项目为主的全校性运动会。教育部全国青少年足球（篮球）特色学校的要求是，每年组织校内足球（篮球）班级联赛、年级挑战赛，每个班级全年参与比赛场次不少于 10 场。

笔者从不同对象的角度对学校体育赛事进行分类，如直接对象的学生类，间接对象的教师类和家长类，再结合育人目的设置体育赛事。

第一，学生类赛事。注重学生身体、心理、行为的全面发展。长沙高新区虹桥小学的学生体育赛事，结合了体育走班制教学所学习的运动项目进行设置，如班级足球赛、班级篮球赛、班级健美操赛、班级跳绳赛，促进了学生运动技能的运用。有激发全体学生参与运动兴趣、提高学生身体素质、树立规则意识、培养团队精神的全员运动会，有促进学生体育能力进阶、选拔体育人才的体育吉尼斯活动。学生类的比赛，要有一定难度、强度和尺度，要能促进学生身体、心理、行为的全面发展。

第二，教师类赛事。教师类的体育赛事更多的是帮助教师释放工作、生活的压力，促进同事之间的关系融洽，营造良好的学校人文环境，从而更好地服务教育教学。教师的体育比赛，难度不宜过高，并以集体项目为主。

第三，家长类赛事。家长类体育赛事的主要目的是改善关系，促进亲子关系、师生关系、家校关系，改变平时只关心考试成绩、文化作业的对立关系，缓解家长、学生、教师的焦虑情绪，促进教育的良性发展。

学校体育赛事除了考虑不同对象外，还要考虑上级政策、季节特点、学生身心发展情况等因素。

如政策因素，获得"全国青少年足球特色学校"的单位，每年班级足球赛事不得少于10场；国家要求学校每年上报学生体质健康标准测试数据，因此学校要安排班级跳绳赛事，以赛促练。

如季节特点，不同的季节天气不同，不同的体育赛事有不同的要求。就长沙而言，四季分明，冬季就不太适合举办参与人数多、运动量大、竞技性强的运动会，要尽量避开寒冷和炎热的时期。

如身心发展特点，在小学阶段，六年级学生的心理变化非常之大。根据笔者多年观察，在小升初、进入青春期的特殊阶段，多举办家长、教师、学生以及社区居民共同参与的体育赛事，能帮助孩子健康快乐地度过这一特殊时期，培养身心健康的合格公民。

办体育赛事容易，但办好赛事并非易事，除了要考虑参赛对象、活动目的，还要考虑时间、场地、天气等因素。办好学校体育赛事，能使体育学科的育人价值基本得到实现，既能激发学校活力，又能促进学校文化建设。

体育赛事的育人价值：埋怨裁判还是批评学生

2023年3月18至19日，笔者带领学生参加了由中国乡村发展基金会组织的"加油未来"云南会泽县运动课程活动，其中一场活动是两个篮球班的友谊赛。本次篮球比赛由对方篮球班的授课教师担任裁判，笔者负责记录和解说。

比赛分上半场、下半场，共四节，每节10分钟。上半场两节，2女4男上场且只能女生得分；下半场两节，5男上场；四节上场人员不能重复，这样能确保班级一半以上的学生参加比赛。

比赛从一开始就非常激烈，巾帼不让须眉，女生的抢断、快速推进、三步上篮都行如流水。前面三节比赛，我方以10分的优势领先对方。笔者想，第四节只要我方不"玩火"，最后应该就不用受到"惩罚"。比赛前，我们有一个约定，谁输了，学生、授课老师一起做30个俯卧撑。

在我方没有"玩火"的情况下，第四节戏剧性的一幕发生了，对方的投篮弹无虚发，我方投的全是"哑弹"，最后10秒被对方"绝杀"，输了这场比赛，笔者只好陪着学生一起做了30个俯卧撑。

做完俯卧撑后，学生们纷纷表示，要是笔者当裁判，就不会是这样的结果，对方裁判太"黑"了。

这时，笔者抛出了一个问题：假如这场比赛你们是教练，学生输了这场比赛，你们会怎么教育他们？是怪裁判不公平还是怪运气差了一点？

学生们表示，教育学生不应该抱怨裁判，而应该用合理的方式提出诉求，即便诉求没有申诉成功，这场比赛最终以失败告终，但这并不意味着学生没有从中收获成长。在比赛过程中，学生应积极应对挑战，与队友紧密配合，展示出顽强拼搏的精神。在这一过程中，学生们逐渐形成了正确的胜负观，学会了如何面对挑战、克服困难，以及如何在逆境中坚持不懈。

从"埋怨裁判"变成"正面育人"，这展现了事物的两面性。正确面对比赛，学生收获的不仅仅有体魄的发展，还有内在涵养的提升。

1. 培养学生积极的人生态度

体育赛事让学生意识到竞技过程中，胜利和失败是常态。正确的胜负观让学生意识到，不应该仅仅关注赛事结果，更重要的是参与过程中的成长与收获。正确的胜负观有助于培养学生面对人生挫折时的积极态度。例如，在篮球比赛中，即使队伍落后，学生也会努力追赶比分，展现顽强拼搏的精神。

2. 培养学生的逆境应对能力

体育赛事中，学生可能面临输分、受伤等。正确的胜负观教育，有助于学生从挫折中汲取经验，调整心态，并积极备战下一场比赛。正确的胜负观有助于培养学生在面对逆境时的应对能力。例如，在足球比赛中，即使球队失利，学生也能从失误中学习，提高自己的技术和战术水平。

3. 培养学生的同理心和尊重意识

正确的胜负观强调尊重对手和裁判，以及关注比赛的公平性。体育赛事可以促使学生学会尊重对手，理解对手的付出与努力，从而培养同理心。例如，在乒乓球比赛结束后，运动员会与对手握手，表达对对方的尊重。

4. 培养学生的团队协作能力

在团队体育赛事中，正确的胜负观要求学生关注团队整体的表现，而非个人的成绩。这有助于培养学生的团队协作能力。例如，在排球比赛中，学生要学会与队友沟通，分享战术信息，以提高整个团队的竞争力。

5. 培养学生的自我调节能力

体育赛事中的胜负观要求学生在面对挑战时，保持冷静、调整心态，从而有助于培养学生的自我调节能力。例如，在田径比赛中，即使跑步成绩不理想，学生也要调整心态，分析原因，并在以后的训练和比赛中改进。

总之，在体育赛事中培养学生树立正确的胜负观的教育价值是多方面的。通过参与体育赛事，学生可以在实践中学习到很多有益的品质和能力，从而为未来的学习、工作和生活打下坚实的基础。作为教育工作者，我们应该关注这一教育价值，引导学生在体育赛事中发挥潜能，促进其全面发展。

体育：家校共建的最好桥梁

家校矛盾严重影响着学校的办学质量。家校关系恶化，最终受害的是学生。为促进家校关系，笔者结合体育学科的特点，提供优化家校共建的策略。

一、家校共建主要途径

家校共建的主要途径包括线上交流和线下交流。线上交流的工具主要有短信、QQ、微信、电话、教育 APP 等。线下交流的方式主要有家访、约谈、家长会、教育论坛、亲子活动等。

二、家校共建的现状

1. 问题导向

大部分的家校沟通是问题导向，让家长感到有压力。例如，学校通过电话或微信，直奔主题地告诉家长，今天你的孩子和某某同学打架了，请家长配合学校处理。在家校沟通的工作上缺乏温度。

2. 交流不够

大部分家校活动的交流是不够的，并没有消除家长的疑虑。大多是一种单一或少数人的表达，家长会、研讨会、专家报告会等并不能促使教育共同体的形成。

3. 方向不一

大部分的家校活动，组织者的想法是好的，目标是一致的，但做出来的事却不是一致的。活动经常流于形式，是一种灌输式的教育，班主任、校领导只顾着把最好的教育理念说出来，而不知道家长能不能理解，能不能实施。

三、体育家校共建的优势

1. 享受乐趣、增强体质

体育源于身体游戏，趣味性强。体育的主要手段是身体活动，能增强体质。体育家校活动能促进整个家庭的健康行为。

2. 不讲问题、全心融入

体育家校活动让家长和师生没有压力，不谈论学生的学业问题，能全身心融入体育活动中。家长们谈论的是如何赢得比赛，享受活动带来的乐趣。

3. 肢体交流、育情育人

家长会、交流会，永远隔着界线，体育活动让师生、家长都融入其中，迅速促进关系的融洽。家长之间的交流，让家长从陌生人群体变成熟人群体，今后孩子之间的磕碰矛盾，因为彼此熟悉，而不会将矛盾升级，甚至彼此会为对方考虑。

4. 目标一致、凝聚人心

大部分的家校活动，是以校为单位，或以年级为单位进行管理。体育家校活动可以以班级为单位，班级与班级之间竞争，让家长心往一处想、力往一处使，家长们想的是为班级争光，成为孩子的榜样。

5. 适性安排、人人参与

拔河比赛、接力赛等难度不大的项目适合没有运动技能的家长参与，篮球、足球项目适合有这方面基础的家长参与。不同群体有不同的项目安排，能确保人人参与，建立真正的家校共同体。

四、体育家校共建的实施原则

1. 健康第一原则

让家长知道学校既重视孩子的学业，也重视学生的身体健康。

2. 安全首要原则

所有的项目必须考虑到安全因素，场地安全、设备安全、项目安全、人员安全，避免责任事故，防止出现意外事故。

3. 体育育人原则

增强体质、享受乐趣、吃苦耐劳、顽强拼搏、规则意识、健全人格等要素要贯穿体育家校共建的全过程。

4. 全员参与原则

每个家庭在孩子的一个阶段（小学、初中）要参加一次学校体育家校共建活动。从亲子运动会、爸爸体育会、妈妈体育会等中体验运动的乐趣，点亮体育家校共建的火种。

5. 全员关注原则

通过媒体手段，让学生、教师、家长都关注体育家校共建活动，让家长知道学校在为孩子的健康成长付出努力，也让家长看到孩子的成长。

6. 大集体性原则

所有的项目都是大集体性项目。大集体性项目能提升班集体的凝聚力，迅速改善亲子关系、师生关系和家校关系。

7. 中等难度原则

项目具有一定的挑战性，但难度不大，易开展、不费时间，不用兴师动众，如拔河比赛等。

8. 简易节约原则

主张厉行节约，多利用已有的场地、器材和用具，并结合学校已有的体育赛事活动，将两项活动有机融合，做到用最少的人财物办最好的家校活动。

五、体育家校共建的常见项目

体育家校共建的常见项目及具体内容如表4-1所示。

表 4-1　体育家校共建的常见项目及具体内容

项目	内容	参与人员
亲子运动会	大集体项目	家长、教师、学生
爸爸体育会	篮球赛、足球赛、拔河比赛	爸爸、教师
妈妈体育会	接力赛、跳绳赛、趣味体育赛	妈妈、教师
家长吉尼斯	体质健康测试、亲子赛	家长、学生

　　家校共建的方式有许多种，体育只是其中之一。无论进行哪一种方式的家校共建活动，学校都应考虑到家长的实际需求和接受程度。并非高端的教育论坛不好，但如果家长不能理解、不能实施、不能融入，就不是好的家校共建活动。家校共建活动不能忽视学生的成长，也不能为了学生的成长而忽视家长的感受。

运动手环在中小学体育工作中的运用假想

一、假想的提出

（一）增强学生体质的国家战略

2016 年，中共中央、国务院发布《"健康中国 2030"规划纲要》，其中明确提出，要确保学生校内每天体育活动时间不少于 1 小时，青少年学生每周参与体育活动达到中等强度 3 次以上，到 2030 年，国家学生体质健康标准达标优秀率 25% 以上。首次在国家纲要性文件中对学生体质达标定下了如此精细化、定量化的目标，这充分体现了国家对增强学生体质的重视。

2020 年，中共中央、国务院印发《关于全面加强和改进新时代学校体育工作的意见》，提出"着力保障学生每天校内、校外各 1 个小时体育活动时间，促进学生养成终身锻炼的习惯"。在体育锻炼上，国家对学校体育工作提出了进一步的要求。

（二）提高学生体质健康测试成绩的特点

提高学生体质健康测试成绩，不同于其他学科成绩的提高，其区别在时间效应上。其他学科在知识习得后，有终身效应的特点。如小学阶段语文学科学会的 3000 个汉字，到了晚年基本还能记住；而学生体质健康成绩具有短时间效应。研究表明，锻炼停滞 3 个月时间，实验对象的速度、耐力等身体素质呈明显下降趋势。当实验对象再次开始锻炼时，需要一段时间才能赶上原有水平。因此，提高学生体质健康测试成绩需要持续性锻炼才能出效果。

（三）增强学生体质健康过程中的问题

1. 目标不清晰

调查发现，90% 以上的中小学体育教师不知晓或不了解《"健康中国

2030"规划纲要》《关于全面加强和改进新时代学校体育工作的意见》两个文件的内容，对学生体质健康标准达标的优秀率要达到多少、锻炼的具体要求更是不清楚。这说明体育教师对学生体质健康的目标要求并不是特别了解。

2. 过程不务实

教育部要求各学校每年上报学生体质健康标准达标测试的数据。由于上级部门对学生体质健康的目标要求不明确，学校对国家政策不熟悉，所以多数体育教师把体质健康数据的上报工作当成一项"信息数据"上报任务，而忽视了增强学生体质健康的任务。文化类学科考试结束后，大部分教师会对学生的成绩进行分析，并对主要错误进行分析讲解。上传学生体质健康数据后，能对学生体质健康数据进行分析的体育教师不足 1%，实施科学的锻炼计划更是无从谈起，有效提升学生体质健康标准达标测试成绩成为空谈。

3. 评价不精准

目标的不清晰、过程的不务实，导致评价的模糊和虚假。如每天校内锻炼 1 小时，40~45 分钟的体育课和 30 分钟的体育大课间是其主要内容。但笔者调查发现，体育课和体育大课间的有效锻炼（达到微出汗、脸微红、微喘气则算有效锻炼）时间不足一半，不出汗、不红脸、不喘气的体育活动大量存在。不过有体育课和体育大课间活动时，至少还是开展了体育活动。根据课时安排，体育课并不是天天都有；由于天气等因素，体育大课间活动也不是天天能开展。每天锻炼 1 小时的情况就是模糊数据，每天校外锻炼 1 小时、每周 3 次中等强度的运动等的情况就更是无法评价。另外，学生个体存在差异，有的学生运动能力弱，可能慢跑就能达到中等强度；有的学生运动能力强，即便快速跑也没达到中等强度，但我们的评价都是以速度为准，认为跑得快就是认真努力，跑得慢就是偷懒不认真。

综上所述，学生体质自 1985 年以来连续下降，迟迟不见明显回升，以至 2014 年修订《国家学生体质健康标准》时，现实还倒逼标准在不同程度上降低。增强我国学生的体质迫在眉睫。为此，国家对学生的锻炼频次、锻炼强度以及锻炼效果都提出了明确要求。学生的体质健康锻炼情况和锻炼效果需要长时间的跟踪和反馈。虽然国家要求每年 9—12 月上报学生体质健康数据，但并不能真实反映学生体质健康的状况。是否有一种低成本、易普及、较精准、高效率的设施设备能精准反馈学生的锻炼频次、锻炼强度以及锻炼效果？

二、为什么选择运动手环来解决学校体育工作中的主要问题

（一）要解决的问题

1. 怎样确保学生校内每天体育活动时间不少于 1 小时？

体育课 40~45 分钟 + 体育大课间 30 分钟，就是校内每天体育活动时间不少于 1 小时吗？参与过中小学体育工作就知道，在体育课上，全体学生有效活动时间能达到 50% 以上就很不错了。课程标准等多部文件以及季浏教授等多位学者都提出了加强体育课堂教学的运动密度、运动强度的问题，说明体育课在这一问题上的落实之难。30 分钟的体育大课间活动同样如此，其实际活动时间和活动效果大打折扣。

2. 怎样落实"青少年学生每周参与体育活动达到中等强度 3 次以上"的要求？

关于学生体育活动的强度，我们仅凭肉眼无法确定。第一，我们需要知晓什么是运动强度。从顾明远教授的《教育大词典》中的解释可知，运动强度是指动作时用力的大小和身体的紧张程度。影响运动强度的因素主要有：练习的密度、练习的间歇时间、动作速度、练习所负的重量、要求投掷的距离、每次跳高的高度以及动作的难度和复杂性。第二，我们需要了解运动强度的主要分类。运动强度一般分为小强度运动、中等强度运动、大强度运动三个类别。第三，我们需要了解常见的运动强度判断指标，其指标主要有以下几种方式。①运动中心率。人体负荷量的

大小与心率高低呈一定比例关系，因此心率高低与机体进行运动时的运动强度大小也呈一定比例关系，运动强度越大时，人体的心率也越高。②运动中血压。正常情况下，运动中收缩压水平与运动强度呈正比，运动强度越大，收缩压越高。③血乳酸。运动时血乳酸水平测定是目前采用较多、较客观的评定运动强度的指标之一。它通过反映训练时是以有氧供能为主，还是无氧酵解供能为主来反映运动强度，并指导训练。④尿蛋白。正常人尿中蛋白含量很少，在进行剧烈运动后，尿中可能出现蛋白，尿蛋白的含量多少与运动强度有直接关系。⑤耗氧量。利用运动中机体所消耗氧的量来评定运动强度，是一种准确性较高的方法。但此指标的直接测定需要较复杂的设备，并且在运动训练中无法进行。为了便于在训练中应用，可以用最大心率的百分数来代替最大耗氧量的测定。

在教育部关于学生体质健康相关工作的文件中，运动强度常以运动心率指标来表示。课程标准中明确规定，每节课应达到中高运动强度，班级所有学生平均心率原则上在 140~160 次 / 分，其运动强度也是以心率指标表示。从精准度来看，运动心率不是最好的指标，血乳酸等指标更加客观和科学。但从经济性、操作性来看，运动心率是最好的指标。但在实际工作中，管理者或一线体育教师只能随机测量学生的心率。我们抛开测量的误差、个体的差异等因素，测试、登记、分析、评价等工作量，就难倒了很多体育教师和学校。又何谈落实学生每周参与 3 次以上中等强度的运动呢？

3. 怎样完成"国家学生体质健康标准达标优秀率 25% 以上"的任务？

2016 年 10 月，中共中央、国务院共同印发《"健康中国 2030"规划纲要》。该文件提出了"国家学生体质健康标准达标优秀率 25% 以上"这一明确指标。首先，我们需要知晓什么是国家学生体质健康标准。《国家学生体质健康标准（2014 年修订）》是国家对学校教育工作的基础性指导文件和教育质量基本标准，是评价学生综合素质、评估学校工作和衡量各地教育发展的重要依据，适用于小学、初中、高中、中等职业学校、普通高等学校的学生。其次，《国家学生体质健康标准（2014年修订）》需要测试哪些项目？《国家学生体质健康标准（2014年修订）》将学生按照年级划分为不同组别，其中身体形态类中的身高、体重，身体机能类中的肺活量，以及身体素质类中的50米跑、坐位体前屈为各年级学生的共性指标。

事实上，知晓《国家学生体质健康标准（2014年修订）》工作要求和测试内容的教育管理者和一线教师并不多。2022年7月5日，在国家卫健委召开的新闻发布会上，教育部体卫艺司副司长宣布了"国家学生体质健康标准测试达标优良率达到了33%"。这与《"健康中国2030"规划纲要》中提出"到2022年和2030年，国家学生体质健康标准达标优良率分别达到50%及以上和60%及以上"的目标相距甚远。这都是建立在数据真实、不是突击练习后的结果。据笔者了解的情况，有些学校的学生体质健康标准测试优秀率不足5%，学龄越大，优秀率越低。

距《"健康中国2030"规划纲要》文件发布已过去7年，但学生的体质健康状况并未明显好转。如何找到快速有效增强学生体质健康的方法成为学校体育工作的迫切需求。

（二）为什么选择运动手环解决上述三个主要问题

第一，监测能够实现全程，不需投入大量人力。相对于人工测试而言，一些智能运动装备不需额外投入人力，就能全程实时监测使用者的心率和运动时长等数据。如运动手环（心率带）、运动手表、心率臂带、运动穿戴背心等。

第二，穿戴十分方便，不影响日常生活和锻炼。在众多运动智能穿戴设备中，以运动手环最为便捷，几乎不会影响日常生活和锻炼。

第三，价格合理，让学校、家长没有太大负担。只测心率和运动时长的手环基本在百元以内，功能丰富一点的运动手环基本在两百元左右，相对于少则几百元、多则几千元的运动手表而言，不会给学校、家长带来很大的经济负担。

相对于运动手环，运动手表的功能非常之多，运动穿戴背心测量数据更加精准，但在价格和便携性上都不及运动手环有优势，不利于普及和推广。

三、运动手环在学校体育工作中的运用假想

假想一：校园人人有手环。它是校园的"一卡通"，是教师的"工作证"，是学生的"学生证"。

假想二：锻炼天天有反馈。它是教育管理者的"智囊团"，各学校、各年级、各班级 "每天锻炼 1 小时" 的情况在管理者的电脑屏幕上一目了然。一键点击，就能出现每天校内外锻炼 1 小时的监测情况；一键点击，就能分析学生的运动时长与学生体质的关系，将增强学生体质的工作真正落到实处。

假想三：健康时时有指导。它是师生的"健康师"，通过运动全程监测、数据分析，为师生制定"千人千面"的运动方案；通过全程行为监测、数据分析，为身心安全赋能，提醒教育管理者、教师、家长及时关注孩子身心变化，防止意外发生。

假想四：文明处处有导向。它是德育的"小助手"，在校园里发现好人好事或不文明行为，让校园处处有文明的导向，人人都是德育教师，打造文明、健康的校园。

期待这样的手环、这样的平台、这样的运用在不久的将来能在校园普及。

第五辑

漫笔之拾

体育是需要用一生来解的题

我眼中的体育学科

一、一道伴随我们一生的题

体育是一门人人都认为重要，但行动上不太被重视的学科。体育不像语文、数学、英语等学科，今天学会了一道题，明天考试成绩就能多考5分。体育学科暂时无须高考，只有学生体质健康测试，它不是升学考试的硬指标，也不是学了就能立即得到好处的学科。

体育学科是你练习了，身体素质就会好；不练了，身体素质就会下降。2020年，我在所教的一个班级中做了一个实验。2020年9月，我对学生进行了跳绳、仰卧起坐和柔韧性等项目的测试，发现学生的跳绳成绩不错，仰卧起坐和柔韧性成绩较差。于是，我在课堂上让学生针对性地练习仰卧起坐和柔韧性近4个月。12月再次进行测试，学生的跳绳成绩平均减少了10个，仰卧起坐成绩平均增加了16个，柔韧性成绩平均增加了2.3厘米。

体育是一道做不完的题，需要我们用一生的时间去不断练习。

二、一道错过了就很难弥补的题

学语言有窗口期，学艺术有窗口期，人的身体素质发展也有窗口期。窗口期，最初来自传染病学，指所有的传染病感染者从被感染开始到全部被检出的时间段，后来该词指做某件事的最佳时间段。错过了这个时间段，就很难甚至再也无法完成了。

到高中阶段，人的身体素质发展窗口期基本上已经过去。如柔韧性素质发展窗口期在5~10岁，就是从幼儿园大班到小学五年级这段时间。小学一年级学生用4课时左右就能很好地完成劈叉动作，小学六年级学生练习柔韧性项目的效果就没这么明显了，练习一个学期，坐位体前屈一般只能增加3厘米左右。

体育是一道错过了就很难弥补的题，需要我们重视基础教育阶段学生的身体锻炼，在关键期发展学生的身体素质，让学生受益终生。

三、一道越做越开心的题

运动使人愉悦。运动时，大脑会分泌一种叫作"多巴胺"的物质，让人产生愉悦感。久而久之，运动就会成为我们的习惯。同时，每次运动完，我们对于自己能够改变行为、改变习惯的自信心也会不断增强，这又会促使我们改变原有的生活习惯，并把改变内化成新的生活方式，进而促进身心健康发展。

体育是一道越做越开心的题，参加丰富有趣的体育活动，能为我们的人生增加乐趣。

四、一道有社交属性的题

体育不是生活的全部，它是保障我们健康的重要途径。闲暇之余，体育除了发挥强身健体的作用，还能促进社交，让我们在锻炼身体的同时结交朋友、增进感情。团体体育项目是非常好的社交项目，在锻炼的过程中，人们能形成规则意识、自律意识、坚强品质和团队精神。

体育是一道具有社交属性的题，我们通过运动能增强适应社会的能力，受益终生。

体育不是万能的

一、体育不是万能的

在教育界，有不少人认为"体育是无所不能的"。的确，体育除了能强身健体，提高人的生命质量，还能育智（提高学业成绩）、育心（促进心理健康）、育德（培养良好的品德）。体育的本质是促进人的健康，培养人的健康生活方式。但参加了体育锻炼就一定能保证健康长寿，过有质量的生活吗？

答案是否定的。体育不是万能的。人的身体健康还与饮食结构、睡眠质量、情绪状态等高度相关。体育只是其中一个因素。一个经常坚持跑步、合理饮食、保持良好作息并且情绪稳定的人，生活质量一般不会差。由于跑步是较为显著的因素，其作用经常被人们放大，而忽略了不容易察觉的饮食、睡眠、情绪等因素。

二、体育课不是万能的

把学生的体质下降、近视率上升、肥胖率上升等健康问题都归咎于学校，如同人们看待跑步者，只关注了他运动的部分，而忽略了他生活中其他重要的生活方式。体育课的主要目的是帮助学生提升体质健康水平，养成良好的锻炼习惯。"双减"政策和"五项管理"政策的出台，无疑是对学生健康的多维度管理提出了要求。学生的健康问题不能仅依靠体育课解决，还有赖于课余学习、饮食、睡眠等因素的管理。

三、体育不是低级简单的

1917年，毛泽东在《新青年》上发表《体育之研究》一文，文中说明了体育对人的价值，体育不仅能强身健体，还能育智、育德。毛泽东将体育摆在中小学学科的首位，提出体育是"第一学科"的理念。《体育之研究》，用简短的文字把为何体育、何谓体育、如何体育论述得非常清晰，值得每一个体育人反复学习。

四、体育课不是简单低级的

体育课是帮助学生实现科学锻炼的基本载体。学生身体素质的发展是有"窗口期"的，在体育教师的正确指导下，学生的身体素质会发展得更好。

体育课是帮助学生走向终身锻炼的关键载体。体育教师教会学生1~2项运动技能，学生毕业后不仅拥有一技之长，还能将它作为健康社交的工具。

体育课是帮助学生成为合格公民的重要载体。体育课中有大量的比赛，是比赛就会有规则，每一次判罚，就是一次教育；是比赛就会有输赢，成功能增强学生的自信心，失败能磨炼学生的意志。一名合格的公民，不仅要遵纪守法，还要经得起人生的历练。

像体育一样生活

在读书时代，我对人生观、价值观、世界观的思考甚少，即便思考也是瞎想。参加工作后我才发现，即便是读书时代的瞎想，也是非常美好的，现在很少有时间去思考这些问题。"体育"是我接触最多、谈论最多的词语。我从高二暑假开始正式接触体育，现在体育已成为我的职业、我的良师益友。近二十载的体育之路充满了酸甜苦辣，我从抵触体育，到接受体育，再到喜欢体育。体育虽不是什么大学问，却对我们的人生非常重要。

一、体育陪伴我们终生

我们的生活像一场马拉松长跑，随着社会的发展，跑的距离越来越远。从人均预期寿命历史数据来看，1960 年中国人均预期寿命为 43.46 岁，到 2020 年，中国人均预期寿命为 77.93 岁。60 年间，中国国民的平均预期寿命增长了 34.47 岁，增幅达 79%。增长的不仅是生命的长度，还有生命的质量。体育陪伴着我们一生。

二、体育需要不断投入

体育不同于其他学科，需要不断地投入。在小学阶段，我们认识的汉字、学习的算术，可能学过之后一直都不会忘记。而体育，只要停止锻炼，肌肉会慢慢流失，心肺功能会逐渐下降；坚持锻炼，肌肉横截面积会上涨，心肺功能会提高。而且，肌肉的生长需要长时间的锻炼，一旦停止锻炼，肌肉流失的速率会很快，肌肉生长的速率赶不上其流失的速率。

跑一次步，几乎看不到显著的作用，但日复一日、年复一年，作用就会体现出来。我们的生活不也是如此吗？不断投入精力去改善生活、提升自我，一旦停下来，就难以跟上社会的脚步。因此，即使生活再难，我们也不能停下自己的脚步，要一直勇往直前。终究有一天，我们会感谢自己这一点一滴的投入。

三、在体育中找到平衡

我国学生的体质健康标准达标测试不讲究排名，追求的是人人都能达到优秀。体育竞赛设置排名的目的，不只是让我们和他人比，更多的是让我们和自己比。人们追求更高、更快、更强，但人体的速度、耐力、力量等身体素质都有极限，很多时候追求的是身体的健康、内心的愉悦。

我们要在体育中找到平衡。我们既要低头看路，和自己比较，是否比昨天的自己更好；也要抬头望天，在激烈的大环境中，找到自己的位置，不因一点小进步而沾沾自喜、盲目自信，也不因一时落后而灰心放弃。

体育不仅是身体健康、生活质量的保障，而且是精神的寄托。体育之路很长，我们要在这条路上不断前进。

从体育游戏说起

我们通常理解的体育游戏，是通过体育活动让学生玩得开心，如"老鹰捉小鸡""贴膏药""抓尾巴"等体育游戏。从增强学生体质的角度，让学生快乐地动起来是非常不错的方式，但它无法凸显体育教师教学的特点。如果只是玩体育游戏，其他学科教师组织的效果也差不多，由班主任组织的效果可能会更好。

同样是上体育游戏课，怎样才能体现体育教师教学的特点呢？

体育游戏是游戏的一个分支。它是以身体练习为基本手段，以促进人的身心全面发展为目的，是体力活动和智力活动相结合、富有浓厚娱乐气息和鲜明教育意义的游戏活动。娱乐性、身体性、教育性、活动性、竞争性、规则性和自由性是体育游戏的基本特点。体育游戏的发展分为三个阶段：本能性体育游戏阶段、体育游戏的文化阶段、专门化体育游戏阶段。

表5–1是常见的体育游戏分类。我们可以从三个方面挖掘体育游戏的价值。

表5–1　常见的体育游戏分类

分类依据	常见的体育游戏
人的基本活动技能	行走类、奔跑类、跳跃类、攀登类、悬垂类、支撑类、负重类、爬越类等
提高身体素质的作用	速度类、速度耐力类、灵敏类、力量类、柔韧类、耐力类、弹跳类等
现代体育竞技项目	田径类、体操类、篮球类、排球类、足球类、武术类、游泳类等
活动场地	田径场类、足球场类、篮球场类、排球场类、沙滩类、登山类、教室类、水上类、冰上类等
适合参加的人群	婴幼儿类、学龄儿童类、青少年类、中年类、老年类、妇女类、残疾人类等
主要活动形式	角力类、追拍类、接力类、传接类、射准类、综合类等

分类依据	常见的体育游戏
教学和训练的实际需要	热身类、提高兴奋性类、集中注意力类、整理与放松类等
人体生理负担量	大、中、小运动量体育游戏
活动是否分队	分队体育游戏、不分队体育游戏
是否有情节	情节游戏、无情节游戏
情节特点	军事游戏、工业游戏、农业游戏、科学游戏等
内容特点	体育教学游戏、体育训练游戏、体育比赛游戏、体育娱乐游戏、民族体育游戏、民间体育游戏等

一、提高学生身体素质

体育游戏最基本的功能是锻炼身体。在此基础上，体育教师要有针对性地提高学生身体素质的弱项。同样是跑步类的游戏，不同距离、不同速度、不同方式，锻炼的效果是不一样的。

二、学习体育专项技能

一是设计与专项技能高度相关的游戏，如篮球运动不能只学习传接球技术、玩运球抢球游戏。二是适当降低游戏的技术难度，游戏的难度不能高于技能学习内容。市面上足球游戏、篮球游戏、跳绳游戏等运动技能类的体育游戏书籍越来越多，体育教师可以直接学习，少走弯路。三是专项技能游戏中应包含基本技能（体能类）内容，但也不能把技能教学变成单一的技能教学。在篮球比赛中有大量的对抗、急停、加速等，体育教师可在平时的游戏设计中加入基本技能练习的环节，如定点投篮游戏可以设置为在规定时间内自投自抢定点投篮游戏，这样既能增加体能训练，又模拟了真实比赛场景。

三、培养体育精神

在体育游戏中，最容易忽视的是体育精神的培养。规则意识、拼搏精神、胜负观、文明观赛等体育精神都能够在体育游戏中进行培养。一是要引入罚分机制。如，长沙高新区虹桥小学全员运动会中有罚分机制，比赛结束后，裁判会当场宣布："××队第一名，得20分，犯规1次，罚2分，最后得分18分。"这就是对规则意识的培养。二是要规范加油的表达方式。在正式比赛中，总能听到一些刺耳的不文明话语，这说明我们的教育在这个方面还没有做好正确引导。体育游戏其实就是小型的体育比赛，如能在教学中设置文明游戏、正确加油环节，体育教师能经常对学生加以正确引导，正式比赛场上就不会出现"喝倒彩""喷脏话"等现象。三是要正确面对比赛结果。游戏有输有赢，比赛结束后，除了要给赢了的队伍喝彩，给输了的队伍打气，还要分析比赛胜负原因。体育教师还要引导学生正确面对比赛结果。如果比赛输了，不能把输的原因归结于地面太滑、鞋子太大、规则不公等外界因素，而要从身体素质、运动技术、团队配合等内部因素上找原因。

三方面的体育游戏设计都需要体育教师以了解学情为前提，没有学情的了解和学理的支撑，体育教师在体育教学上很难有大的突破。

被误解的"体育概念"

通常而言，像"运动强度""运动密度"这样的概念，大部分体育人都很清楚；而对于"体育核心素养""教会、勤练、常赛""全员运动会""大单元教学""体育走班制教学""体育模块化教学""三无七不体育课"等概念，只有部分人知晓或似懂非懂；"快乐体育""成功体育"等概念看似很容易理解，学术圈谈论得也比较多，但真正全面了解其意义的人并不多。

听了北京师范大学毛振明教授，中国教育科学研究院于素梅老师，华东师范大学季浏教授、汪晓赞教授对《义务教育体育与健康课程标准（2022 年版）》的解读，笔者感触很深。

一、体育教育的变化很大

体育新课标的改革，最重要的变化是实现了义务教育体育课程与高中体育课程的一体化，对"体育核心素养"这一概念进行了解读。如果我们还采取传统的教育教学思维，将难以适应新课改的要求。

二、体育教育的地区差距很大

当几位专家讲解"一体化""全员运动会""走班制"等概念时，很多老师表示听不懂或提出质疑。有老师表示，"体育课能开齐就不错了"，"体育课整队 20 分钟、热身 10 分钟、自由活动 10 分钟是常态"，等等。在笔者组织的一次省级培训活动中，来自湖南省某地区的部分老师也表达了类似观点："一周能开一节体育课就很不错了。""体育就是杂课。"在交流中笔者发现，越是发达的地区，体育课开设得越多，课堂要求也越高。如北京、上海的很多小学一周开设五节体育课，而有的地区一周一节体育课都难以保障。当课时都没有保障时，概念与改革都是空谈。

三、体育教育的改革很难

有部分教师认为，专家们"空谈理论，不接地气"。笔者认为这是现实环境和认知差距造成的。当然不否认，有的专家在没有充分了解一线教学实际的情况下，也能大谈教育改革。但大部分专家的理论与见解是有指导和借鉴价值的，如毛振明教授提出的体育教学改革理念，在包括笔者所在学校在内的很多实验区都得到了实现。这些实验区有条件优越的，也有条件艰苦的。对这些理念、概念的不理解，会导致行动的偏差。长沙高新区虹桥小学作为体育品牌学校，在实施"全员运动会""体育走班制教学"等体育改革时，教师们和家长们一开始并不接受，改革前遇到了较大的阻力，出现了很多反对的声音。

很多人不了解全员运动会就否定它，认为其实施有难度，认为其是低级趣味运动会。如果听过毛振明教授的课或看过与全员运动会有关的文章，就会了解全员运动会要解决的是全员、育人、团队、效率、文明等方面的问题。对规模在 2000 人以下的学校，全员运动会要求每人参与 2~3 个项目，举办时间为 1 天。为了融合团队精神和锻炼身体，毛振明教授及其团队开发了集体握杆仰卧起坐、三向拔河、100 米弯道跑大接力等既需要团队合作又能锻炼身体的项目。

事实上，全员运动会是比较好操作的，只要开展过一次，就容易理解了。但有些概念并不容易被人理解，其中被人误解最多的是"快乐体育"。很多一线教师认为，体育技能学没学好、身体素质提没提高都不重要，只要学生在课堂上快乐，那就是好课堂。

为了区别被误解的"快乐体育"，毛振明教授提出了"成功体育"概念，但依旧没有逃过被误解的命运。

如果大家都真的理解了"快乐体育""成功体育"，就不会有人义愤填膺地反对"快乐体育""成功体育"。因为反对者们反对的正是"快乐体育"要反对的内容——"玩完就散，不练就会"的低级快乐，期望的正是"快乐体育"所说的努力和拼搏之后的快乐，这也是毛振明教授提倡的"成功体育"。

学术可以有争论，但在发表观点时，我们应多一份敬畏之心，充分了解概念的真正含义后再发表观点，这样才更有说服力、才更体面。

对运动技能学习的误解

让孩子在幼儿园阶段、小学阶段学习足球、篮球等运动技能，一直备受质疑：不要过早学习运动技能（专项技能），不符合运动学习规律，会对孩子的成长不利，会影响孩子对体育运动项目的选择……提出质疑的不仅有高校教授、一线教师，还有不少家长。

我对此有不同看法。从五六岁开始进行足球训练的孩子很多，纵观现代足球一百多年的历史，专业运动员都是从小开始培养，并没出现过因为过早训练而影响成长的情况，反而运动员们个个人高马大、充满活力。更何况校园足球不同于竞技足球，它没有高强度、高难度和大对抗，学习这些运动技能出现危险的概率也没有竞技足球那么大。

有人说，学习足球、篮球等运动技能影响学生的全面发展。我对于"全面发展"的理解是身体活动能力和身体素质的全面发展。但不学习足球、篮球等运动技能就能全面发展了吗？足球项目中难道只有运球、传球和射门吗？篮球项目中难道只有运球、传球和投篮吗？显然不是。足球、篮球中的各项运动技能都要发展走、跑、跳、射（投）等身体活动能力，也要全面提高速度、耐力、力量、柔韧性、灵敏性等身体素质，这些是运动技能学习的基础，也是基本技能。专项技能的学习不应与基本技能的学习割裂开来，基本技能是专项技能的基础，专项技能促进基本技能的发展。

有人说，从小学习专项技能，会让项目学习变得枯燥无味，因而丧失运动乐趣，不利于终身体育。教育家卢梭在《爱弥儿》中提到，基础教育对于任何年龄的孩子都很重要，只是对不同年龄的孩子的教法不同。对于年龄尚小的孩子，要更多地进行感官上的教育，而非理性上的教育。对于幼儿园和小学阶段的学生，要以"感官体验"教育为主，如将运动项目与体育游戏相结合，而不是把高中训练队、大学专业课的训练方法照搬过来。连高中生、大学生都难以接受的授课方式，小学生怎么会喜欢呢？所以说，不是运动技能让学习变得枯燥无味，而是因为教师不了解学生的年龄特点，用错教学方法而导致学生丧失运动乐趣。

单纯的走、跑、跳、射（投）等身体活动，单一的力量、速度、耐力等身体素质训练，已不适应新时代学校体育的发展。改革后，教学变得有主线（以学校特色项目、教师专业为主线），不再是"蜻蜓点水、浅尝辄止、低级重复"。教学计划从"小单元"变为"超大单元"，不再是上3~4次课就完事，而可能要上30~40课时，甚至要上两三百课时。篮球课可能不再是从原地运球教起，而可能是采取滚球、抛球、抢球等简化器材、缩小场地、改变规则的"基础＋专项"运动技能相结合的体验式教学方式。这种方式，让学生在玩中学、学中乐、乐中思。

学生体验运动乐趣的第一要素是运动技能的提高

体育学科要不要重视运动技能的学习，众说纷纭，如，"体育要淡化运动技能教学"，"体育就是让学生玩，享受运动带来的乐趣"，"体育特长生没有出路"，等等。要不要教运动技能竟然成了体育课教学要思考的问题。

2004 年，全国学校体育联盟（教学改革）主席、北京师范大学体育学院首任院长毛振明教授发表了《深化体育课程教学改革要正确对待运动技能教学——对"淡化运动技能教学"的质疑》，从理论上对运动技能的重要性进行了详细说明，提出学生体验运动乐趣的第一要素就是运动技能的提高、学生的终身体育需要学习运动技能等观点。

作为体育教师，笔者认为运动技能教学的重要性不可小觑。

一、丢了运动技能教学是砸体育教师的饭碗

教好学生运动技能才能显示体育教师的真本领。如果没有运动技能教学，体育课变成集合整队、组织学生游戏，体育教师也会被其他学科教师轻易超越或取代，这也会成为体育教师地位不高、社会认同度不高的主要原因之一。

二、丢了运动技能教学是毁体育教师专业形象

其他学科教师在教室内组织学生自习时，不会出现场面混乱的情况；而体育教师上课的主阵地在室外操场，如果缺乏系统组织、严格管理，体育课难免成为其他学科教师、家长、领导眼中的"放羊课"。如此一来，体育教师的专业形象也会大为下降。

三、丢了运动技能教学会阻碍体育教师进步

教会学生一门擅长的运动技能，比什么都教、什么都没让学生学会

要强一百倍。主教一门运动技能，会让体育教师的赛道回到正常的教学流程，不用想着"明天教什么内容"，而有充足的时间研究"怎么教"的问题。需要注意的是，体育教师要正确把握"教学内容""教学方法"。在体育课上学习运动技能不等同于体育专业队的训练，把对国家体育人才的训练强度、训练难度一股脑搬进体育课堂是不合理的。学校体育的目的是让学生熟练掌握 1~2 项运动技能，为其终身体育发展提供可能。探究学习、体育游戏、情景教学本身没有好坏之分，都是为教学内容服务的，如果服务于运动技能教学，就都能促进体育教师不断进步。

面对公共突发事件，体育学科能做些什么

新冠疫情过去后，我们的校园生活终于回归正常，孩子们可以正常上学，不用担心学生活动会被突然取消，不用排着长长的队伍在"检口罩、量体温、喷酒精"之后才进校园，老师不用佩戴口罩"上气不接下气"地讲课。

传染病和学生意外伤害这类事件，从某种意义上来说，都与体育相关。《义务教育体育与健康课程标准（2022年版）》中明确要求上好健康教育课，健康教育中就有"疾病预防与突发公共卫生事件应对"的具体要求。面对这类事件，体育学科能做些什么呢？

备好课。2021年，教育部等五部门印发的《关于全面加强和改进新时代学校卫生与健康教育工作的意见》中明确提出，中小学校每学期应在体育与健康课程总课时中安排4个健康教育课时。因此，体育教师应严格落实每学期4课时的健康教育课要求。

第一，课前检。除了上好健康教育课，还要在课前检查好运动场地。体育课是一门以身体活动为主的课程，体育活动出现意外事故的原因之一是没有在课前仔细检查学生活动的场地。如篮球场上有积水、篮球架有破损等都是极大的安全隐患。如果课前检查了场地，排除了安全隐患，出现意外事故的概率就会大大下降。

第二，上好课。上好课最基本的要求是不出安全事故，因此上好课至少要做到以下三点。首先是管好人。上体育课时，体育教师虽不能确保每一秒都关注到所有学生，但至少每30秒要对全体学生进行一次"扫描"。学生如有事离开，需先打报告，不能让学生做有安全隐患的事，如独自拿器材等。其次是护好人。一方面，三年疫情期间，学生缺乏身体锻炼，身体素质有所下降，在体育课进行锻炼，需要循序渐进地增加学生的运动量；另一方面，在练习一些技术动作时，需要确保学生安全，

避免学生受伤。最后是育好人。帮助学生养成健康的运动习惯，特别是运动前的热身活动和结束时的放松活动要引起重视、落实到位。热身活动要让学生充分活动身体，有效防止运动损伤。

第三，下课巡。相关数据显示，刚下课时或下课后1~2分钟，学生发生意外伤害事故的概率远高于其他时间段。下课时，学生一窝蜂地冲出教室，冲向足球场或其他活动场地，很容易发生意外伤害事故。

总之，预防校园公共突发事件、降低学生的事故风险，离不开教师的"未雨绸缪"和"无微不至"。无论在什么时期，学校都应抓好体育与卫生工作，为学生的健康人生提供有力的保障。

对智慧体育的认识

智慧体育从字面上理解，我们首先想到的可能是各种体育智能穿戴设备。将智能化设备引入校园，能为学校体育注入"智慧因子"。笔者想和大家探讨的是学校中的智慧体育。

一、学校开展智慧体育的目的

智慧体育是体育教学改革中的一种教学手段，学校首先要搞清楚实施智慧体育的目的。学校要秉持"健康第一"的教育理念，通过互联网、物联网、大数据、智能穿戴设备等，帮助学生在体育锻炼中享受乐趣、增强体质、健全人格、锤炼意志。如脱离这个根本，就不能称之为智慧体育。

二、在学校中开展智慧体育应达到的效果

精准性。在学校中开展智慧体育要做到"三精准"，即目标精准、过程精准、评价精准，改变学校体育工作中存在的目标不明确、过程不清晰、评价不清楚等问题。如，规定学生体质健康达到25%的优秀率和97%的及格率，这是目标精准；运用智能测量、智能分析、智能打卡干预手段，这是过程精准；开展从学校到班级、从班级到个人的多维度评价，这是评价精准。通过"三精准"工作，实现学生体质的精准增强。

高效性。智慧体育是通过科技手段帮助学生增强体质、享受乐趣；帮助教师减轻工作量，提高体育工作效率。智慧体育要求做到上下高效协同，确保学校体育信息平台与上级信息平台互通或兼容；确保内外高效协同，家、校、社之间的信息软件、活动平台应方便使用；确保内部高效协同，能将学校各项体育工作融入其中，而不应产生新工作、新问题。

开放性。开展智慧体育不能闭门造车，要多元结合，有一根智慧跳绳并不是真正的智慧体育。上下游体育工作互通、各类体育项目融合、

多维度教育迭代，才能更好地为学校体育工作赋能。

三、智慧体育的未来发展

智慧体育是一种趋势，值得各学校重点关注。但智慧体育只是学校体育教学改革的一种教学手段，学校不能因此忽略了人的重要性，教师应更好地关注学生的变化，帮助学生更好地成长。育人不是和一堆冰冷的数据对话，如何理解和运用智慧体育，还需要我们继续努力探索。

被"跳绳"掩盖的"弱"学生

大部分学校每年都会进行学生体质健康测试，很多学校对跳绳项目尤为注重。因为抓跳绳项目耗时短、成效显著，抓好跳绳项目意味着小学体质健康测试就能获得好成绩。

2021年，在长沙的各小学掀起了一股跳绳风，这当然是一件好事。学生动起来了，不到两个月时间，学生体质健康测试优秀率从5%迅速提升到25%。

虽然跳绳项目可以提高学生的协调能力、心肺功能、力量、速度等体能素质，在短时间内提高学生体质健康测试成绩，但其掩盖了学生力量不足、耐力不行等身体素质中的短板，学生可能是体育"偏科生"，称不上身体素质全面发展的体育"优等生"。

作为教育工作者，我们不能仅停留在表面，应在保证学生体质健康测试优秀的基础上，发掘深层次问题，将学生的"弱项"提上来，达到真正的"优秀"。为此，笔者提出以下建议供大家参考。

一、丰富跳绳项目，增强持续性锻炼效果

在跳绳项目中，1分钟并脚跳是学生体质健康测试项目。除了专项练习该项目，跳绳还有其他的练习项目，不同项目的练习会产生不同的锻炼效果。如，提高速度素质的30秒竞速跳，提高耐力素质的3分钟跳、5分钟跳等。在学校跳绳比赛中设置这些跳绳项目，能全面有效提高学生的身体素质。

二、设计大课间活动，做好群体性干预

体育大课间活动天天有，可以让学生有效锻炼二三十分钟。设计好大课间活动，有利于学生身体素质的全面提高。通常完成每年底国家学生体质健康标准达标测试工作后，学校便认为此项工作已结束，没有针

对学生体质健康的提升进一步安排工作。如趁此机会举办一场关于学生体质健康工作的专题会议，对学生的身体素质情况进行深入分析，在学校的"智慧干预"下，学生体质健康的提升会取得事半功倍的效果。

三、布置个性化家庭作业，做好个性化干预

学校的课堂教学、体育大课间活动等，基本上都是以集体为单位。学生的情况千差万别，仅有集体活动难以精准提高每个学生的身体素质。因此，需要做好个性化干预，动员班主任和学生家长一同帮助学生提高身体素质。班主任在班级中引导家长重视孩子的健康问题，在家庭的作用下，学生的体质健康会发生质的变化。如跳绳项目，在学校和家庭的共同努力下，二、三年级的学生在一个月的时间可以从一分钟跳五六十个进步到一分钟跳一百二三十个。要达到这个成绩，体育教师就要根据每个学生的情况布置个性化体育家庭作业，使学生进行针对性练习。布置好体育家庭作业并及时反馈，这样才能起到精准干预的作用。

锻炼的窗口期

上了多年的体育课，经常参加体育锻炼的学生为何跑不快、跑不远且动作僵硬？学生跳绳时，为何看上去手脚不协调，无法连续跳？在测试坐位体前屈（柔韧性素质）时，学生的腰为什么就是下不去？测试引体向上（上肢力量）时，学生的脸和脖子都红了，但为什么就是做不成功？为什么学生的体质健康上不去？或许是因为体育教师没有找到锻炼学生身体素质的门道。

成年人想提高身体的柔韧性，练习劈叉或许需要一年时间；如果是一年级的小学生，一般上 4 次课左右就能把腿压得直直的。同样是练习，为何差距这么大？因为身体素质的发展有窗口期。

柔韧性素质发展的窗口期一般在 5~11 岁，在这个时间段进行柔韧性练习，可以起到事半功倍的效果。如果在这个阶段打下了好的基础，之后的练习就简单很多。

运用身体素质发展窗口期，也要注意以下几个方面。

一是在全面中有所侧重。柔韧性素质发展的窗口期一般在 5~11 岁，但不代表这段时间就只练习柔韧性，而是要保证多项素质同时发展。

二是在实际中有所侧重。体育教师要根据所教班级学生的身体素质情况灵活设计教学，不要为了利用窗口期而过度练习。如某班 90% 的学生柔韧性素质都很好，在这种情况下可以适当减少柔韧性项目的练习，因为我们的最终目的是帮助学生健康成长，让学生的身体素质全面发展。

三是在个性中有所侧重。体育教师的教学精力是有限的，很难做到人人个性化锻炼，但也有应对该问题的办法。首先是整体中的个性化。注重各班级学生的身体素质特点，个性化制订教学计划。如某班学生整体柔韧性素质很好但灵敏性素质一般，那么就可以适当减少柔韧性项目练习的课时，增加灵敏性项目练习的课时。其次是在队组中个性化。平时上体育课，一般是根据学生高矮列横队，四列横队就是 4 个队组。在进行体育游戏或竞赛时，这样分队具有公平性和合理性。但在进行身体素质练习时，这样分队就不太合理，整齐划一的练习效果并不明显。在进行身体素质练习时，如能根据班级学生的素质特点进行分组，进行有针对性的练习，效果会更加明显。最后是选取关键学生个性化训练。可以尝试在每个班选 3~5 个关键学生，对关键学生开展个性化训练。哪些是关键学生？关键学生可以是准及格和准优秀学生。这样的学生稍微努点力就能有所突破。挖掘关键学生，帮助他们从准及格到及格，从准优秀到优秀，这样不仅能树立班级榜样，也能在全班形成良好的锻炼氛围。

篮球与团队

读大学前，我还不是真正会打篮球，即便高二暑假进入体育高考队，高考体育篮球辅项拿了满分，但并不能算会打篮球。进入大学后，我经常约同学一起打篮球，虽然总是运球不稳、投篮不准、球传给了对手、蛮力冲内线等，招得队友一脸嫌弃，但这并不妨碍我对篮球的热爱。我会因为队友的进球而高兴，会因为一次助攻而欢呼，会因为防守中激烈的对抗而兴奋，也会因为输球而沮丧。篮球成为我们餐桌上和宿舍里谈论的话题，这就是篮球的魅力。

这是一个缺乏交流的时代。在工作单位，不用面对面沟通，用手机发消息沟通，就可以完成工作；坐公交车或地铁上下班，很多人戴着耳机、刷着手机，沉浸在自己的世界中；在商场购物，用手机扫一扫或人脸刷一刷，就完成了交易。办公室里的有说有笑、公交车上叽叽喳喳的聊天、菜市场里的讨价还价，好像渐渐成为童年回忆，慢慢成为历史。

缺乏交流的时代，更需要一颗强大的内心。有研究表明，培养运动习惯有助学生远离情绪问题、行为问题，甚至可以降低自杀率。运动过程中能分泌多巴胺，让人感到快乐，释放人的压力。尤其是篮球这类团体项目，不仅可以帮助个人有效调节情绪，还能够促进和队友的友谊。

篮球运动不仅能够帮助我们强身健体、调节情绪、体验成功，还能够帮助我们磨炼意志、培养集体意识、提高社会适应能力。作为一名体育教师，我们应该做到以下几点。

一是多开展团队运动，帮助学生健康成长。在中小学阶段，学生的心智发育还未成熟，处理生活、学习、情感上的问题容易走极端，教师有时难以发现问题、难以真正走进学生的内心世界。如果教师能够多引导学生参加团队运动，帮助学生打开内心世界、多交朋友，那么学生更容易与队友分享自己的心事，释放内心的压力。团队运动项目除了足球、篮球、排球，还有很多，如跑步，跑步又包括接力跑、团体跑、定向越野跑等。

二是多组织团队比赛，帮助学生适应社会。经常参加团队体育比赛，不仅能够培养学生树立正确的输赢观，还能帮助学生更好地适应陌生环境，促使学生一次次突破身体和心理上的舒适圈。有研究表明，经常参加体育赛事的学生社会适应能力要显著强于从未参加过任何体育赛事的学生。回想我自己的经历，第一次参加篮球赛时紧张得发抖，完全发挥不出真实水平；参加过多次比赛后，我在场上就能很好地应对局面，保持一颗平常心。这也说明，经常比赛的确能够帮助参赛者克服紧张情绪、充分展现水平。

三是教会学生正确比赛和观赛，培养学生的体育素养。正确比赛，指既要在规则下比赛，也要正确面对输赢，赢球时不骄傲，输球时不气馁，这是培养学生的体育精神。正确观赛，指教会学生文明观赛，比赛时不喝倒彩，为对手加油。赛后，不留垃圾，不说风凉话，这是基本的素养，也是现代文明人的体现。

后 记
POSTSCRIPT

　　《一校多品：新时代小学体育改革的有效范式》是我多年来的努力和付出的成果，在这本书的后记中，我想向一些特别的人表达我深深的感激和敬意。

　　我要感谢全国学校体育联盟（教学改革）主席、北京师范大学体育学院首任院长毛振明先生。在 2016 年 12 月第一次接触毛老师时，我就被他个人魅力所征服。他的学识和信念对我产生了深远的影响，让我从一名学校后勤人转型为学校体育教育人。他的指导和支持让我在体育教育领域有了更深入的思考和探索。他的智慧和勇气激励着我、指引着我写下这本书，为中小学体育改革贡献自己的力量。

　　我要感谢长沙高新区虹桥小学校长周琳女士。她对体育教育改革的支持和鼓励是我进行实践的重要动力。她的智慧和胆识让虹桥小学成为改革的先行者，为我提供了宝贵的实践平台。没有她的支持和信任，就没有我今天所取得的成绩。

　　我要感谢虹桥小学团队中的每一位教师和工作人员。特别是体育组的小伙伴们，他们是体育教学改革的具体实施者，是这本书中实践经验的创造者。他们的努力和付出为学校体育教育的改革带来了实质性的进展。他们的智慧和创新让虹桥小学成为一所充满活力的学校，为学生提供了丰富多样的体育教育活动。

　　我还要感谢湖南教育报刊集团陈文静女士及其团队，陈文静女士耐心而细致的指导让我在写作过程中受益良多，让这本书能够以最佳的形式呈现给读者。

没有他们，这本书就无法如此完整地呈现。

体育教学改革是一个需要不断改进的过程。这本书收录的大多是一些具体改革案例或操作方法。在后记中，我希望能够总结和补充一些关于构建"一校一（多）品"体育特色学校的条件。第一，学校应构建一个鲜明的体育育人理念，将体育教育融入学校的核心价值观和办学理念之中。第二，学校需要拥有一名有影响力的体育名师，名师能够带领团队，推动体育教育的改革和发展。第三，学校应设计一套惠及全员的、有特色的体育课程，满足学生的多样化需求。第四，学校还应培养一支优秀的高水平体育代表队，展示学校的体育实力和成就。第五，学校的体育教育改革应取得有分量的成绩，在学生的身心健康、团队合作能力等方面取得显著进展。

最后，我要感谢所有阅读和支持这本书的人。你们的关注和支持是我写作的动力。希望这本书能够给你们带来一些启发和帮助，激发你们对中小学体育教育的热情和兴趣。

龙克威

2023 年 6 月 26 日于长沙